国际民商法治新秩序下强制性规则的价值实现

◎刘正全 著

湘潭大学出版社
XIANGTAN UNIVERSITY PRESS

图书在版编目（CIP）数据

国际民商法治新秩序下强制性规则的价值实现 / 刘正全著. -- 湘潭 : 湘潭大学出版社, 2023.9
ISBN 978-7-5687-1220-0

Ⅰ. ①国… Ⅱ. ①刘… Ⅲ. ①国际法－民商法－研究 Ⅳ. ①D997.1

中国国家版本馆 CIP 数据核字 (2023) 第 165243 号

国际民商法治新秩序下强制性规则的价值实现

GUOJI MINSHANG FAZHI XINZHIXU XIA QIANGZHIXING GUIZE DE JIAZHI SHIXIAN

刘正全 著

责任编辑：刘文情
封面设计：张　波
出版发行：湘潭大学出版社
社　　址：湖南省湘潭大学工程训练大楼
电　　话：0731-58298960 0731-58298966（传真）
邮　　编：411105
网　　址：http://press.xtu.edu.cn/
印　　刷：长沙创峰印务有限公司
经　　销：湖南省新华书店
开　　本：710 mm×1000 mm 1/16
印　　张：12.75
字　　数：201 千字
版　　次：2023 年 9 月第 1 版
印　　次：2023 年 9 月第 1 次印刷
书　　号：ISBN 978-7-5687-1220-0
定　　价：60.00 元

作者简介

刘正全,男,山东淄博人,湖南师范大学法学院国际法学专业博士研究生。现就职于达州市社会主义学院。曾在省级以上学术刊物上发表多篇法学类理论文章,含读博阶段发表CSSCI文章(独著)一篇,外文(独著)两篇,高校学报类多篇。参与国家社会科学基金重点项目“全球治理下国际私法的功能定位研究(16AFX022)”,参与湖南省教育厅一般项目“新时代全球治理观视域下参与世界贸易组织补贴规则谈判的中国方案研究(18C0042)”。

湖南省教育厅科学研究重点项目:“一带一路”重点领域建设中的反补贴风险及应对研究(21A0037)

作者自序

笔者曾经从事过涉外经济贸易工作。当时,笔者的岗位职责包括草拟英文合同,以及审核以英文为工作语言的进出口信用证等。除此,笔者还负责翻译涉外技术服务类合同,并陪同公司领导及业务技术人员与外商进行业务谈判。在单位与外商的合作中,难免出现因理解角度不同或单位自身的技术原因抑或在履行合同过程中国内外政策发生变化而导致的纠纷。这是笔者最初对于法律真正产生敬畏和浓厚兴趣的开始。在研习法律适用问题以应对涉外诉讼争取对工作单位产生较好法律结果的过程中,笔者逐渐发现,在单位与外商签订的大量涉外销售合同、工程安装合同以及技术服务类合同中,虽然大都约定了在合同履行过程中解决纠纷的方式(一般是二选一:诉讼或仲裁),但是对于出现纠纷时选择适用哪一国的法律,却往往没有作出约定。解决纠纷也就是适用法律的地点一般都是选择国内,因为这样可以节约诉讼成本,也省去到国外诉讼语言不通的麻烦(而在国内诉讼,按照中国的法律规定,开庭用中文进行审理;当然,也有个别国外商户发过来的一些以英文为工作语言的格式合同,会提出如果在履行合同的过程中出现纠纷则通过仲裁方式解决的要求,而这时仲裁地点则往往就会被选在境外或者中国香港)。

后来笔者总结了国外客户之所以选择仲裁而不愿意选择诉讼的原因：如果走诉讼，程序上过于烦冗复杂，可能会涉及一审、二审、再审甚至申斥等环节，耗费的时间与精力成本太高，性价比实在不高。而且，无论案件大小，都需要安排专门的法律人员跟进，这对于语言不通的国外客户来讲，更是让其产生畏难情绪。根据中国《民事诉讼法》的规定，外商如果要委托律师代理诉讼，只能委托中国律师。所以他们就选择了仲裁，而且仲裁机构他们也往往不愿意选择中国大陆这边的。除非双方对此再展开另一轮热烈的谈判，最后迫使外商让步，再共同选定如果产生纠纷，就提交位于北京的中国国际经济贸易仲裁委员会仲裁。而且仲裁“一裁终局”的优点，也不会让外商投入过多的精力与时间。

这些经历让笔者感受到，虽然中外业务合作商户对于合同履行过程中纠纷的处理方式和地点有了足够的重视，但是对于审理案件时应该适用哪国的法律却很少在谈判时提及。究其原因，一方面是因为中外合作双方的当事人都觉得既然选择了处理纠纷的仲裁机构，那么当然就应当适用仲裁机构所在地的法律；另一方面，是因为中国人法律意识的淡薄。

由于中外经济合作会牵扯到法律适用以及语言理解上的差别，还有一些中小企业，往往缺乏必备的翻译人员，所以对于外商发来的合同类文件，甚至包括出口信用证，往往都不做深入审查，最多就是找熟悉的社会人员或者翻译公司大致看一下，而这些人对于相当专业的国际私法上的法律适用问题，甚至连一知半解的程度都达不到，连翻译人员本身甚至可能也不理解翻译过来的法律术语的涵义。笔者在从事进出口贸易的那段时间内，曾有一个厂家发生了一起中俄贸易纠纷案件。由于其工厂内懂俄文的比较少，且没有要求以英文作为优先版本适用。而专业的做法，合同应该做成中文、俄文、英文三种语言的版本，如果三种语言的合同条款发生冲突时，则以英文版本优先。这家工厂后来由于履约不力，被国外客户在俄罗斯提起国际仲裁，而由于国内厂家负责人对于国际知识尤其是涉外法律知识的极度缺乏，加之出国应诉的时间与精力成本太高，于是就置之不理。最后的结果就可想而知了，这家国内工厂被裁决赔付国外客户200多万美元。

国家与国家之间的政治交往，受国际公法调整，一般通过签订国际条约来实现各国利益的均衡以及对自身利益的维护。在涉外私主体的权益保护上，由于不同国家的法律规定并不相同且存在冲突，则需要通过国际私法规范来解决法律适用问题。像上面所述案例，对于存在法律冲突时该如何选择和适用法律这样最基本的国际私法问题，都没有进入涉外业务谈判者的视野，没有出现在涉外经济合作的合同中，应该是这些市场经济的主体不重视甚至不了解国际私法，才最终导致了重大损失。所有私主体的权益总和，也必然会对一国的社会总体公共利益产生负面影响。

法律适用与法理学,都是最讲逻辑的学问。法学研究的海洋确实太深太广阔,法学研究海洋的彼岸确实又太遥远。法律选择的最终目的还是准确适用法律,以解决事实和实践层面上的公平公正问题。在司法审判过程中,除了查明事实这个任务之外,更重要的就是法律的准确适用。事实的查明,主要是依靠当事人提供的证据来支持判决。然而,出于法官在庭审中的被动性和中立性,如果当事人无法提供足够证据证明自己所主张事实的真实发生过程,或者用来证明事实发生过程的证据已经不复存在或不足以支撑还原其主张的事实真相,那么在以证据作为审判核心的现代审判规则下,法院就无法认定当事人对于事实陈述的正确与否,最终当事人的主张就无法得到法院的支持。所以,相对来说,在司法审判实践中,法律的适用研究相比事实的认定而言,具有更高的理论研究价值和现实意义,但需要以更加严谨的法律逻辑思维和法律研究方法,才能达到实现其研究价值的目的。

从某种意义来说,法律实践和法律适用,是用来检验法学研究的重要标准,法学研究要服务于法律实践和法律适用,这也是法学研究的重要任务和价值体现。国际私法上强制性规则在涉外民商事法律关系中的适用问题,是一个看起来貌似相当简单不过的问题。然而,一份说理严谨、法律适用准确、不同国家之间法律冲突的选择适用科学准确,以法服人且基本不会引起国内国际上大范围争议的司法文书，不但需要非常高深、专业的法律知识，更需要特别强化、清晰的法律思维和法理学上思辨能力。这些方面关于国际私法上面临不同国家的法律冲突时，如何科学作出法律的选择和适用，对于当下的司法审判能力来说，应该还是一个不小的挑战。

法律适用与法学研究，好比一个硬币的两面，互相离不开，但又不像是硬币的两面，因为硬币的两面平等，不分主次，而在法律适用与法学研究的相互关系中，法学研究却总是要服务于法律适用。可以说，法律适用是法学研究价值的最终体现。这就需要国际私法在涉外民商事交易活动中特别是在处理国际社会私主体之间的国际经济纠纷方面，发挥更多、更大、更广、更具专业化的作用。同时，还需要对传统国际私法价值理念方面的功能加以提升和革新，才能更好地适用于国际民商事案件的司法审理，更好地服务于国际民商事新秩序的构建，并为我国的涉外法治体系建设和持续提升国际话语权在实践层面上发挥出更强的作用。

前 言

随着市场经济全球化与全球经济一体化浪潮加剧，国际经济分工与合作日益加强，世界各国之间的经济联系愈发密切。在国际民商事交易中，出现纠纷也就在所难免。在以国际法治推进全球治理体系的时代形势下，寻求以各国都接受的方式解决私主体跨国业务纠纷，已成为当下国际私法领域的重要议题。

提高国际法治意识，推进国际法治体系建设，构建国际民商法治新秩序。提升国际话语权，参与全球治理机制变革。在"一带一路"倡议和人类命运共同体建设进程中，我国不但对涉外民商事关系中如何适用国际私法规范来调整各国私主体的利益纠葛愈发关注和重视，更是在国际立法进程中深入推动国际私法体系完善，在国际司法实践中着力促进国际私法规范精准适用，为推进国际法治建设不断走向成熟，构建国际民商法治新秩序不遗余力地发挥作用。

不同国家的民商事主体在从事涉外民商事活动出现业务纠纷时，由于各民商事主体分属不同国家，而这些不同国家的实体法律规范往往又存在很大差异，这样一来，选择不同国家的法律规范来解决业务纠纷，就会产生不同的法律结果。

国际私法上的法律适用，则是指上述情况下如何通过国际私法规范选择法律来调整法律适用冲突的司法实践过程。各国法院基于司法主权原则，往往不愿意或者会非常慎重地选择适用外国的法律规范。特别是在依当事人“意思自治”原则或依冲突规范选择适用外国准据法来审理具有涉外因素的民商事案件将会产生影响本国重大利益和社会公共利益的情况时，法院地国就会放弃适用外国法转而适用本国法律规范上的强制性规则。这就是国际私法上强制性规则的适用。很显然，强制性规则的适用是对私法领域“意思自治”原则的否定，也是司法实践中对国际私法上依照冲突规范确定准据法做法的排除，但该司法实践做法依然是构建国际民商领域法治秩序的需要。其价值在于，强制性规则的适用，是出于对法院地国国家重大利益或者社会公共利益维护的需要。即，在法院地国的国家重大利益或者社会公共利益与适用外国准据法进行平衡时，法院地国的国家重大利益或者社会公共利益处于优先位置，符合构建国际民商法治秩序的价值需求。

在国际司法实践中，一国利用本国专门制定的强制性规则，用来作为否定和排除当事人选择或者依冲突规范确定的准据法进而维护本国特殊利益和社会公共秩序的做法，已经逐渐演变成为国际私法框架下各国用来处理涉外民商事纠纷的一项基本制度。强制性规则在国际司法实践中不断发展和演变，其适用已经获得国际社会的普遍接受和认可，并通过相互借鉴和学习进入了各国的国际私法立法领域,成为各国国际私法体系中不可或缺的基本法律规则。

为适应国际社会时代潮流、国际法治发展建设以及完善我国法律体系之需要,2010年《中华人民共和国涉外民事关系法律适用法》出台,用以规范调整我国涉外民商事关系中出现的法律冲突。同时,也为推动构建涉外法治体系和国际民商法治新秩序作出积极贡献。2012年相继出台的司法解释,则对我国在处理涉外民商事法律关系时所遇到的强制性规则的具体法律适用问题,作出了启动条件和适用范围上的明确界定,从而为从事涉外民商事案件审理活动的法官提供了准确办案的指引。

研究国际私法上强制性规则自身的理论属性与适用价值,寻求其在调整涉外民商事关系中解决法律冲突过程中的价值实现平衡点,是适用一国强制性规则还是适用外国准据法在法理上的主要依据。准确掌握强制性规则与其他相近法律概念在国际私法体系中的不同价值,有助于提升我国在涉外司法实践中处理涉外法律关系的法治水平,提高我国法院在国际司法领域的公信力。

理顺我国国际私法体系立法建设从界定模糊到设计精准的持续发展脉络,将国际私法中强制性规则与现行其他相近法律概念进行对比研究,有利于为我国今后国际私法立法提供补充完善的可行性建议,同时也为司法实践中处理涉外民商事关系精准适用强制性规则提供借鉴参考,进而为完善我国国际私法立法体系,推进涉外法治建设进程，提升我国国际法治地位和参与全球治理的国际话语权，略微提供些许绵薄之力。

本书拟以比较研究法、实证研究法、文件检索法等方法来探究强制性规则的范围及适用等各方面的客观规律和价值功能，对国际私法上涉外民事关系中强制性规则启动的前置条件、适用方式、适用范围、适用条件以及适用的法律后果等进行深入挖掘，并从不同角度展开分析论证。

目录

引 言

当今世界，各国通过经济、技术和民间文化的交流与作，已经形成了一个国际交往十分发达、经济联系异常密切的“地球村”①，而世界各国都成为这个“地球村”的合作成员。国际社会的互动与合作达到了前所未有的紧密程度，各国民间经济交往的密切性使世界各国的民商事经济体成为这个“地球村”的分子、原子元素。各国之间、各国际组织发生的民商事交往日益多样化。

在世界各国普遍呼吁国家与国家、国家与国际组织以及国际组织以法律来调整相互关系的时代背景下，很多国际性事务都需要适用新的国际规则来调整。当前我国正面临国际与国内两个大局的时代形势，中央提出加快构建涉外法治体系、推进实现我国法律规范域外适用的目标。这也是全球治理背景下国际私法所面临的重要使命担当和必须要发挥的价值功能。近年来，随着全球经济一体化和国际金融活动紧密融合发展，世界各国对于粮食、能源、资金配置的相互依赖的程度越来越高，像包括欧洲联盟、东南亚联盟在内的各国际组织都在努力反思传统国际私法是否面临着需要进行价值与功能重新定位的问题，以发挥出构建国际民商新秩序的历史使命，从而推进世界经济在更加公平公正的国际交易规则下发展。

在这种局势下，充分发挥国际私法冲突规范选法用法的功能，推进统一

① 肖玉飞，周文．逆全球化思潮的实质与人类命运共同体的政治经济学要义[J]．经济社会体制比较，2021(3)．

实体规范的构建与完善，将是解决不同国家之间在业务分工与合作方面发生纠纷时选法用法问题的必要做法。而正确确立传统冲突规范与统一实体规范体系下，法律选择与法律适用机制中强制性规则的精准适用，在解决国家主权、国家利益、社会公共秩序与国际法治和国际民商秩序之间的均衡问题上，亦愈来愈发挥出重要的作用。

一、民商主体平等交易要求市场经济法治化

随着全球市场经济一体化的发展，国际社会逐步进入了经济合作日益密切，业务分工愈发细化的紧密合作局势。然而，即便在全球经济合作如此紧密的形势下，基于各国的技术、历史文化传统及价值观等差异，不可避免的可能会产生涉外民商事纠纷。鉴于市场经济的平等选择交易属性，决定了市场经济全球化必然催生全球治理法治化。只有国际化的法治建设，才能实现国际市场交易过程的有序运营。

市场经济全球化催生法治建设国际化。市场经济是基于平等主体下的民商事法治经济，其不断发展并逐步取代计划经济，是我国加快实施改革开放政策的必然结果。市场经济强调的是市场主体的平等地位和在平等基础上从事民商事交易。①在市场经济环境下，吸引市场主体参与交易不再是政府本身的任务，而是通过政府主导或扶持下创造出优质的营商环境，吸引优质企业前来投资设厂或者提供技术服务。而良好的营商环境不仅仅需要政府牵头来开辟和打造，②更需要由政府带头，依法推进并保障那些不再由政府决定的市场因素的质的提升，而不能仅仅是量的追求。

新中国成立以来，我国除了经济性质还是社会主义（市场）公有制经济之外，经济社会、经济结构、经济发展等模式等都发生了深刻的改革和变化。

①吴烨．论优化营商环境的私法路径[J]．甘肃社会科学，2022(1)．

②王艳．优化营商环境视域下我国商事司法制度优化路径探析[J]．河北法学，2022(10)．

而与传统计划经济几乎有着根本不同的市场经济的性质,决定了其必然是建立在平等地位基础上的法治经济,法治经济要求各市场主体必须在遵循市场规律和市场规则的基础上开展经济活动,进行民商事交易。反过来,也只有营建以法治经济为基础的市场环境,才能保障各市场主体依照"意思自治"原则进行自由交易,[①]并且保障各市场主体合法权益的实现。

国家为了保障整个社会的公共秩序,构建符合大多数人的商业利益并符合市场整体营商环境运行和优化要求的政策或制度,就离不开以公权力手段来干预私权利,"私法公法化"现象随着时代的发展而产生。[②]市场环境下受"意思自治"原则引导的"自由交易"行为,随之受到限制。这种用来限制基于"意思自治"原则和"自由交易"行为的规则,就是本书所研究的主题——强制性规则。对于国内市场来说,恰当地适用强制性规则,可以用来制约因为市场的过度自由而产生的无序扩张,进而可能造成的破坏国计民生的后果,以及因为这种破坏而导致产生的社会损失。

2011年,我国宣布社会主义法律体系基本建成。[③]十八大以来,中央提出了全面依法治国方略,加快了在各个领域(包括公法和私法领域)的立法进程,提出加快社会主义市场经济的发展,并对改革开放取得的红利进行相对平衡平均的分配,[④]通过法治的方式让全民共同享有。不但提出了要继续完善国内的社会主义法治体系,同时也要着手构建符合时代发展形势的涉

①刘仁山,黄钰.涉外合同法律适用中"意思自治原则"的适用限制[J].社会科学家,2021(10).

②学者钟瑞栋认为,强制性规则应当严格控制在"国家和社会忍无可忍"的范围内。参见钟瑞栋."私法公法化"的反思与超越:兼论公法与私法接轨的规范配置[J].法商研究,2013(4).

③ 李婧.中国特色社会主义法律体系发展动力探究[J].社会科学战线,2016(12).

④颜色,郭凯明,杭静.中国人口红利与产业结构转型[J].管理世界,2022(4).

外法治体系。这就需要国际政治、国际关系、国际经济特别是从事国际法研究的学者们立足于国内和国际现状，对于当今形势给予更加专业且深入的研究和挖掘，为我国的国内和涉外法治体系建设添砖加瓦，为国内、国际市场制度建设提供建设性决策咨询和咨政建议，并为司法实践中解决具有涉外因素的经济纠纷提供法律思维、法理支撑和法律依据。为我国谋求更多机会参与国际间经济合作和融入全球市场经济发展一体化献计献策。

随着市场经济日益向着全球一体化发展，我国与国外的经济文化交流与合作日益密切，涉及的民事纠纷亦愈来愈多。这就需要国际私法发挥出更多更强的功能，使其成为调整各种国际民商事法律关系的重要工具，而冲突规范作为国际私法上的重要内容，在各国发生民商事纠纷需要择法律适用时，更需要发挥出全新的调整功能。特别是在涉及各国的国家利益和社会公共秩序甚至间接地影响一国国家主权和国际声望时，如何权衡，对于冲突规范框架下的强制性规则如何依法援引适用，将是一个全新而现实的挑战。①

提高我国关于涉外法治的国际话语权发声地位，构建全球治理时代我们国家的涉外法治体系和适用机制，推进我国在涉外民商事交往中依国际法、国际经济法和国际私法进行法律适用的机制，特别是对于涉及国家重大利益和国内重要社会公共利益的强制性规则，必须要排除和防范以国家主权为由进行“属地主义原则”的过度适用，这很容易被国际社会诟病为滥用主权优先地位和主权优位原则。随着我国对外关系法律规范的出台，亦必将在更大力度上推进我国发展对外关系的法治化，提高我国无论依国际法、国际经济法还是国际私法层面的法律规范进行国际法治实践，都能展现出

①汤诤，廖挺.阻断法的司法适用：性质、效力与法律冲突[J].法律适用，2022(7).

我国在推进国际法治建设实践上的涉外法治适用能力与适用水平。当下,我国正面临国内与国际两个大局的时代形势,[①]经济双循环的发展目标,需要国内企业走出国门去东道国寻求发展。[②]这些"走出去"的企业当然需要了解东道国当地的法律规定以及国家为了保护其国内利益而设定的各种政策和法令法规的适用情况。[③]然而,即便做到如此,在一些具体案件的法律适用中,中国企业往往还是会因为没有完全了解当地的政策法规的具体适用情况而被迫付出了沉重的代价,被迫屈从于当地政府的政令、法规及环境政策要求。在这些国家的案件审理过程中,固然可能存在着"客不压主"复杂因素在起作用,但是我国企业没有了解透彻东道国企业的合规经营要求,[④]严重缺乏国际社会法律思维,对东道国法治环境、法律知识都不了解,甚至连发生纠纷时的救济手段和法律该如何适用都未搞清楚就贸然"走出去"投资的做法,导致到了当地"水土不服",发生纠纷就往往要承受败诉的结果。

二、内国法的域外适用成为企业跨国发展的现实需求

要解决上述我国企业"走出去"的"被动挨打"状况,从国家层面来说,需要加强我国法律的域外适用,提升我国在国际社会上的法治话语权,[⑤]特别是要逐步推进我国关于涉外民商事关系法律适用方面法律规范的域外适用;在国际市场经济主体方面,就需要了解东道国的涉外法律体系和司法适用机制,特别是体现东道国国家利益和其公共政策的强制性规则的适用条

①何自力.统筹国际和国内两个大局,加快建设全国统一大市场[J].天津师范大学学报(社会科学版),2022(4).

②丁晓强,张少军.中国经济双循环的测度与分析[J].经济学家,2022(2).

③陈兆源,熊爱宗.欧盟ESG新规与中国企业"走出去"[J].中国金融,2022(2).

④陈瑞华.企业合规的基本问题[J].中国法律评论,2020(1).

⑤刘春一.提升国际法治话语权的国际司法考量[J].人民论坛,2020(15).

件与适用范围，以避免轻易触及东道国的国家主权、国家重大利益或者其社会公共利益的法律禁区。

随着世界经济一体化的发展，国际社会逐步进入业务合作日益密切、业务分工愈发明确且谁都不能缺席的状态。这样一来，除了上述解决国际业务纠纷的路径之外，充分发挥国际私法的作用，推进统一实体规范的构建与更加完善，正确确立冲突规范框架下选择法律、适用法律的法律适用法体系与机制，将是解决不同国家之间在业务分工与合作方面发生纠纷时选法用法的必要做法。构建国际社会上各国都可以接受的法律适用体系，在国际礼让基础上形成各国相对容易接受的法律规范适用条件和适用范围。这在一定程度上，特别是体现在“一带一路”沿线国家，甚至将会起到融合和改造各国涉外立法体系的效果，有力地推进不同国家的涉外法律体系和法律制度的趋同化。

当下世界政治、经济气候风云变幻，西方某些国家不断滥用乃至破坏国际法基本原则，[①]甚至滥用其国内法的域外适用地位进行“长臂管辖”，[②]动不动就以其自己的价值观和意识形态作为标准发起对其他国家的打压，不惜以各种手段进行文化侵蚀[③]和经济制裁。在这样的国际形势下，在国际公法上，要充分尊重和发挥联合国的职能和作用，积极发挥国际法的功能，维护和保障世界上各国际法主体的权利，防止轻易被侵犯。而在国际私法方面，虽然其传统功能主要是用来解决不同国家的民商事主体在从事民间交易过程中出现的法律适用方面的冲突问题。从表面来看，这些有关民间交易的

①比如，不尊重他国主权，破坏国际法上各国主权不论大小主权一律平等的原则、国际礼让原则等。

②肖永平.“长臂管辖权”的法理分析与对策研究[J].中国法学，2019(6).

③比如，对其他国家进行文化价值和意识形态的输出，以自己国内的价值观为标准对其他国家存在的多样文明进行打压等。

私法适用冲突,并不涉及国家主权、国家利益以及国际法主体的权利保护。首先,国际私法上的这些涉外民事交易私主体的权益,最终会影响甚至会被囊括到一国的国家利益中去。其次,国际私法上涉外民商事交易过程中对于法律选择的适用,有可能涉及适用外国(即准据法所属国和第三国)的法律规范,特别是可能会涉及适用外国法律规范中的强制性规则,当这些外国法律规范被以冲突规范援引的方式适用到国内领域时,就很有可能减损本国的国家重大利益,严重破坏本国的社会公共秩序,①甚至有时还会在一定程度上影响本国国际法主体地位和侵蚀本国国家主权的情形。②

国际私法的功能并不仅仅限于国内私主体之间权益的维护,特别是对于能够体现国际主权和"国际礼让"原则③的强制性规则。在国际私法学研究领域,更有必要不断地对其功能、作用、价值、效力以及适用范围、适用条件等展开广泛而深入的研究、探讨和挖掘,使其更好地发挥出维护和保障国家主权、国家利益和社会公共秩序的作用。

近年来,随着全球经济一体化和国际金融活动紧密融合发展,世界各国对于粮食、能源、资金配置的相互依赖的程度越来越高,像包括欧盟、东盟在内的各国际组织都在努力反思传统国际私法是否面临着需要进行价值与功能重新定位的问题,以发挥出构建国际民商新秩序的历史使命,从而推进世界经济在更加公平公正的国际交易规则下发展。可见,如果能够就本书研

①于志刚,郭旨龙."双层社会"与"公共秩序严重混乱"的认定标准[J].华东政法大学学报,2014(3).

②比如,适用了与本国文化价值、意识形态相背离的准据法。当适用了与本国的主流价值观严重背离,甚至会危害到国家安全的外国准据法时,就极有可能影响到一国的国际法地位和国家主权利益。这对于一些宗教国家的涉外法律适用来说,情况可能会更加复杂。

③于飞.我国间接管辖权制度的构建——基于国际礼让理念[J].国际经济法学刊,2020(1).

究的问题展开密切关注，开展系统化及全面深入的研究，有利于丰富当下国际私法体系的理论；而研究涉外民商事领域的强制性规则及其适用问题，对于探讨和完成我国国际私法的功能转换与价值革新，构建全新的国际私法体系框架，推进国际民商新秩序的构建，都具有非常重要的理论价值。

三、强制性规则的正确涉外适用成为国际法治发展的重要模式

冲突规范是关于如何解决法律冲突以及如何进行法律选择的重要规范，其如何适用乃是国际私法研究领域的一个重要议题。而对冲突规范进行理论研究与实践论证的一个重要归宿，就是如何做到涉外民事关系中关于不同国家之间相冲突的法律的准确选择与适用，即冲突规范的最终落脚点在于解决涉外司法实践中的法律适用问题。在当下全球治理和推进国际法治建设的时代形势下，国际化的民商事活动在数量上大大增加，而各民商事主体在从事这些民商事活动时从各自立场出发，因初期理解和价值利益等预期不同而出现纠纷成为家常便饭。

而要解决这些国际民商事领域上的纠纷，除了少数可以通过协商而达到双方的一致要求之外，此类大量国际私法上的民商事纠纷案件就需要通过法律的适用——即司法审判或者国际仲裁来解决。而要解决国际私法领域内的民商事案件纠纷，则首先需要处理的就是前置问题，就是涉外法律的选择与适用问题，即要处理发生于不同国家市场主体之间的案件纠纷时，应当选择哪国的法律进行适用，即进行司法审判或国际仲裁的问题。这就涉及一国私法规范即民商事法律规范的涉外适用问题，而在这些涉外适用的民商事法律规范中，有一类特殊的法律规范，就是基于一国的国家利益和社会公共利益，会发生排除当事人依照“意思自治”原则约定或者冲突规范确定的准据法，而适用法院地国的强制性规则。这种情况属于强制性规则排除外国法的适用问题，属于在处理涉外民商事关系法律选择与适用过程中，

被强制性规则取而代之适用的情形。而在处理涉外民商事关系法律选择与适用过程中,还会遇到是否选择域外法律适用的问题,即一国强制性规则在另一国的受理法院是否能够被选择与适用的问题。也就是说,受理法院是否有资格或者有权力来排除当事方依照“意思自治”原则选择或者依照冲突规范准则确定的准据法,而适用第三国法律上的强制性规则。这被称作国际私法上强制性规则的涉外适用(或域外适用)。

强制性规则虽然是国际私法中的一项重要规则,但是长期以来在我国的司法实务中的具体适用却相对粗糙,特别是在《涉外民事关系法律适用法》出台之前,国内的司法者由于不了解或者不愿意花费时间研究冲突规范和国外的法律,往往忽视冲突规范的适用而过度使用司法自由裁量权,[①]甚至会直接以外国法难以查明为理由而直接适用内国法——很显然,此种做法并非在适用强制性规则,而是回避了冲突法的选择与适用。此类做法,判决说理难以充分,大大影响了司法程序上的公平与公正,进而严重损害了我国司法在国际上的公信力和权威,[②]与我国作为国际社会上大国的司法形象也不太相符合。

强制性规则是以一国国内法上的实体规范的形式,要求在某些特定领域中和某些特定情况下,必须对尽管含有涉外因素的民商事案件适用国内法的规范。然而,对于这种强制性规定,究竟是否属于无需通过冲突规范的援引与选择,不用寻求连结点亦无需依据最密切联系原则来选择准据法的做法,在学术界是有一些争议的。因为,一国内国法上的法律规范不经任何冲突规范上的选择,就可以直接适用于含有涉外因素的民事案件中,相当于

① 陈旗.法治视野下的法官自由裁量权研究[D].武汉大学,2013.

② 秦小利.以人为本是民主与法治统一的基础[J].山西师大学报·社会科学版,2010(201).

内国法的国际适用，这并不符合国际（私）法上的逻辑。这与国内法"直接适用"于完全没有涉外因素的国内民事案件，是有着很大的区别的。用一国内国法适用于涉及另一国法律关系的做法，除了单边规范的对外适用之外，基本没有任何国际法或国际私法上的法律适用依据或司法实践案例。

国内大量的涉外实践案例表明，对强制性规则进行研究，并将其在具体案例中的适用方法和规律进行总结和归纳，有助于在国际合作日益紧密和全球市场经济一体化进程中不断提升我国的国际话语权，推动我国深度参与全球治理和参与维护国际秩序的进程，进而也能推动我国国际私法研究成果在世界经济合作大环境下从理论走向具体应用，为世界范围内的国际法治建设提供中国方案和中国范式，履行大国责任，贡献中国力量。对此，就要求对国际私法上以涉外民事关系中强制性规则的适用方法、适用范围、适用领域和适用的法律后果等进行深入研究和不同角度的分析论证，本书拟以比较的方法，来探究其各方面的价值功能与客观规律。

在"一带一路"建设背景下，我国很多企业在尝试着走出国门，也推动着"世界工厂"向沿线国家资本输出，从事金融服务业务。我国与世界各国特别是与"一带一路"沿线国家在扩大商事交易的同时，基于对商事规则和专业技术的理解不同而产生摩擦，亦会必然产生。在全球治理法治化的背景下，遵守规则并学会适用当地规则，推进中国企业走资本输出和金融合作符合当地政策与法律要求的发展道路，必将成为中国企业"走出去"之前必须重视和熟悉的重要步骤和价值要素。

对于各主权国家来说，只有在涉外民商事领域开展更广泛的司法合作，在不伤及自身主权的基础上，对于外国法律在某些特定情况下可以适用于本国给予一定的司法主权让渡（"国际礼让"），才能推进国际法治合作和谐，确保各民事主体的私权益在跨国交易中受到合理正当的应有保障。在推动

“一带一路”倡议的进程中,大量中国企业在“走出去”的同时,亦有大量资本被“引进来”。运用国际仲裁方式解决民商事纠纷,与国际接轨已经成为时代潮流,不但是理论界学术研究不可避免的议题,更是实务界需要探讨解决的时代任务。从事该项研究并形成一定的科研成果,除了具有丰富当下国际私法理论框架体系等重要的理论价值之外,对于指导跨国司法实践、推进国际司法互助协作,也具有颇为深远的现实意义和应用价值。

随着市场经济全球化的迅猛推进,世界各国各区域经济事务与金融事务的合作日益密切,各国经济利益已经紧密地绑定在了一起,形成了“你中有我,我中有你”的全球经济一体化[①]的时代格局,全球范围内的经济关联性与互动性出现了前所未有的空前强化局面,经济一体化进程将世界各国的政治、经济、文化和科技紧密交融在一起。各国际法主体之间的商业交往已在各国经济生活中占有重要地位。作为调整全球治理模式下世界范围内不同经济体之间民商事关系的国际私法[②],已成为国际法律体系的重要组成部分,这就为国际私法的功能发挥提供了客观基础和新的时代要求。国际私法是全球经济融合发展到特定历史阶段以后,世界市场产生了新的民商事关系,为了维护这种新的民商事秩序并解决在维护秩序过程中出现的法律适用冲突问题而产生并不断趋向完善的产物。进而,在国际私法上的冲突规范法律多边择法领域,强制性规范成为在维护国家利益和社会公共秩序的基础上解决涉外民商事纠纷中发挥重要作用的法律规范。研究国际私法上强制性规则的理论属性、价值功能、适用方法与适用限制,使其在调整涉

① 张群.全球经济一体化,中国如何趋利避害[J].人民论坛,2017(18).

② 理论界主要是以20世纪60年代早期的美国冲突法革命为时间界限,划分为传统法律选择方法和现代法律选择方法。See Kurt H. Nadelmann, Some History Notes on the Doctrinal Sources of American Conflict Law, in Conflict of Laws:International and Interstate(Selected Essays),1972, pp.18-20.

外民商事关系中正确发挥时代功能,已成为国际私法研究者们的重要时代使命。

国际私法中必要时适用强制性规则理论,已经逐步被世界各国国际私法立法者所接受,并被确立成为本国的一项基本制度性规定。因而对强制性规则进行研究,既为法学理论提供支撑并填补理论上的缺失和空白,也为司法实践提供审判标准和理论依据。这对当下我国构建社会主义法治理论体系和解决涉外法治中的司法实践难题尤为重要。

第一章 法理学上的强制性规则理论

本书中的强制性规则，仍然限定为讨论和研究调整各国民商事交易的法律规范领域，即私法领域，以及国际社会上会影响民间私主体民商事行为的强制性规则（强行性法规范）。

从法理学上来看，私法领域中的强制性规则属于出于维护国家利益或者社会公共秩序而受到国家公权力干预，当事人无权利以“作为”或者“不作为”方式拒绝或者逃避履行的具有“义务性”和“禁止性”特征的法律规范。从法律规定上来看，则是指当事人必须依照法律规定行事、不能随意依照个人意志规避、排除或者予以变更的具有强制效力（强行法效力）的法律规定。而从我国的多个法律部门的立法体系来看，强制性规则又是一个内涵相当广泛的法学概念。在我国，它存在于很多部门法规定的内容之中，如在刑法、诉讼法、行政法、劳动法、公司法、环境法、国际仲裁法等多部部门法中，都可以看到强制性规则的影子。[①]至于其涵盖的外延可以说也是相当广阔，依据强制性规则在这些不同法律部门中设定的适用条件和适用范围，不但在国内实体法实施过程中需要直接适用强制性规则，在涉外民商事关系中有排除当事人约定选择的准据法和依据冲突规范确定适用的法律规范的强

① 黄植蔚.论国际私法中“优先性强制规则”的性质与适用——以〈罗马条例Ⅰ〉第9条为视角[J],东北大学学报(社会科学版),2019(02).

制效力。在处理涉外民商事纠纷问题时,既有可能适用一国国内的法律规定,亦有可能适用准据法所属国家的强制性规则,还有可能适用与案件有密切联系的第三国的强制性规则;既有私法上的强制性规则,还有公法上的强行性规则,比如程序法上的各种规定等;还有一国参与的国际条约、国际组织规定的强制性规则,以及国际法上各国普遍认可的国际强行法,一般法律原则和国际习惯等。

第一节 强制性规则的法理学释义

强制性规则和强行性规则和强制性规定,无论从表述还是从其研究的内涵来看,基本差不多,但此类表述中仅仅强调了强制性,未体现出如何适用及适用的范围。在国际层面上的强制性规则,一般使用的是国际强行法(Jus Cogens)概念。但强行法一词仅仅习惯性地用于国际社会本位下国家应该履行国际法义务而言,指的是虽然国家拥有主权,不能成为被另一国家的司法机关执行的对象,但是对于国际法上的强行法而言,往往涉及国际社会的基本价值和全人类的共同利益,强调的是强行性,故而任何国家不能拒绝执行。但强行法或者强行性规范用于国内法或者国际私法领域,则显得指代内容不明或不准确,而且具有强行性规范内容的也不一定是整部法律法规,在很多情况下,强制性规则仅仅表现在一部规范性法律文件中的某些条款规定上。

本书中所用“强制性规定”术语的表达,指的是法律条文中直接规定,而且这种规定必须是法律条文明确表述为“必须做”或者“不得做”的形式,不能是推定为“必须做”或者“不得做”。在法律条文中的表述一般为“必须”“应当”(命令性规则,必须去做,没有选择不做的权利,如果表述为“原则上应当”,则是指一般情况下必须做,如果出现例外情况,则另当别论),“禁止”

“严禁”(禁止性规则,不能做,没有选择做的权利)。“强制性规则”一词,所对应的学理上的概念应当是“强制性规则”“强制性规则”“强行性规范”等术语。[①]一般认为,这些概念属于法理学上的概念。而“强制性规则”则更加凸显的是法律条文上的文字规定,具有无需选择、必须适用的法律属性。当本书中所用术语为“强制性规则”时,则指含有上述“强制性规定”的法律规范。依笔者理解,强制性规则,更偏重于理论属性的研究,是一个法理学上的学术概念;而强制性规定,则更偏重于立法、司法实践中的条款规定,可以认定为是一个法律实务概念。而当本书提及“强制性规则”时,则是居于“强制性规则”与“强制性规定”之间的一个称呼,既是对于强制性规则的一种通俗叫法,[②]具体上,又涵盖了“强制性规定”的理论内涵与概念外延。

由此可以认为,在法理学领域特别是法理学教材中,关于“强制性”“强行性”的表述涵义,基本是一致的。一般说来,“强行”“强制”的概念应当与“指导”相对,即在法理学上除了强制性规则之外,还有指导性规则。顾名思义,强制性规则是指要求行为主体必须作出一定行为或者不作出一定行为的规则;而指导性的规则,则表述为“可以”,即当事人有选择“作出一定行为”或者“不作出一定行为”的权利,法律规定仅仅是授权性质的指导。[③]在法理学上,则用“必须”“不得”“严禁”或者“应当”等术语进行意思表达的法律规范,都是属于义务性规范,亦即本章中所提的强制性规则(规定)。其实,从字面意思上也可以看出,强制性规则与指导性规范最根本最突出的区别,就是“必须(强制)”与“可以(指导)”的区别。

---

① 张文显.法理学[M],法律出版社,2007:119-120.

② 从翻译的角度来看,规范的英文为norms,而规则的英文为rules,而规定的英文为stipulation.语义学上的涵义基本差不多,只是语体色彩上有所区别。

③ 甚至有些权利在自然法学派看来,是人天生具有而并不是基于法律的授权,法律上的规定最多只是确认了该项权利,如人的生育权、生命健康权等。

第二节 强制性规则的法理学表现形式

强制性规则从表现形式上来看,可以分为一般形式的强制性规则与概括形式的强制性规则。在我国国内实体法上,一般形式的强制性规则,是指在司法实践中可以直接拿来适用于审判具体案件的强制性规则;而概括形式的强制性规则,则往往需要通过出台相应的立法、司法解释使其内容具体化或者适用具有针对性后才能适用于具体的案例。

一、一般形式的强制性规则

一般形式的强制性规则往往都规定得比较具体,法律指引明确,属于直接规定要求人们必须作出或者不得作出一定行为的法律规范。规定必须作出一定行为的强制性规则,通常使用"应当""应该""必须"等术语来表达;[①]而规定不得作出一定行为的强制性规则,则通常使用"不得""禁止""严禁"等术语来表达。[②]

有的强制性规则条款,会在表达完行为模式后,再加上如果违背该强制性规则,当事人则需要承担的法律后果。[③]

二、概括形式的强制性规则

概括形式的强制性规则,也同样存在有"应当""必须""不得"等强制字

① 比如,"出卖标的物,应当属于出卖人所有或者出卖人有权处分。""出租人出卖租赁房屋的,应当在出卖之前的合理期限内通知承租人。""建设工程主体结构的施工必须由承包人自行完成。"这些都属于规定作为义务的义务性规则。

② "禁止承包人将工程分包给不具备相应资质条件的单位。禁止分包单位将其承包的工程再分包。"则属于规定不作为义务的义务性规则。

③ "旅客在运输中应当按照约定的限量携带行李。超过限量携带行李的,应当办理托运手续"该条文表达,就是属于在表达完行为模式后,再加上如果违背该强制性规则,则当事人需要承担相应法律后果的强制性规则。

样的表达方式。[①]不过,概括形式的强制性规则与一般形式的强制性规则相比,由于具有很强的宏观概括性和抽象性,因而在适用方面,就不像一般形式的强制性规则那样规定明确,在法律规范的适用上就具有很大的不确定性。所以,在司法实践中,概括形式的强制性规定只是对案件进行了无法直接适用到具体案件中,而是必须先对这些具有抽象性概括性的内容作出相应的解释,使条款规定指向的内容具体化或者具有一定的针对性之后,才能用于司法实践中审理具体的案件。故而,概括形式的强制性规则在法律适用时往往会给法官较大程度的自由裁量权,会导致出现司法适用中同案不同判的现象。

在很多法学研究者和法律人看来,对于这些概括性的强制性规则,由于条款内容规定得过于抽象和宽泛,且具有太大的不确定性,当事人或者法官个人基于不同的价值认知、理解维度以及不同的思维模式,给出不同的法律适用结果,就属于完全正常的法律适用现象。不能由此轻易认定法官失误,错误地适用法律、错判案件。在概括性法律规则的执行与遵守实践中,更是难以把握好如何执行和遵守的尺度。可以看出,概括性的强制性规则的可执行性,是难以比得上内容明确、具体的一般形式的强制性规则的。所以,需要法律实务人员注意的是,有一些看起来属于一般形式的强制性条款,其实也不能拿来直接适用于具体案件。比如,在合同领域就有类似的现象——《合同法》第5条第5项的规定,就属于不能直接适用的强制性规则。[②]

合同法上的强制性规则,从法理上讲一般可以分为管理性质和效力性

① 例如:“从事保险活动必须遵守法律、行政法规,尊重社会公德,遵循自愿原则。”

② 但很多人认为本条属于能够直接适用的条款,认为合同“违反法律、行政法规的强制性规则(合同无效)”,该规定看起来对法律后果无效的规定也相当明确、具体。然而,若对本条规定加以仔细斟酌,就会发现关于违反法律、行政法规强制性规则的内容,属于概括性形式的强制性规则。

质两类规则。在司法实践中，只有违反效力性强制性规则的合同条款方能被法院认定为无效条款；而对于管理性强制性规则来说，如果不存在其他方面会导致合同无效的法定因素，一般不会轻易被法院认定为合同条款无效。这时，如果不假思索地一概认为“违反法律、行政法规的强制性规则”即无效，那么，就混淆了合同领域的违反管理性强制性规则与违反效力性强制性规则这两种不同的违法行为的性质和法律后果。对于涉及某些特定领域的强制性规则，同样不能简单地认为是明确、具体的。比如在《保险法》中关于强制性规则的适用方面，[①]当被保险人为无民事行为能力人、限制民事行为能力人时，他们的同意本身就不是适格的意思表示，不属于合格的民事法律行为，那么其意思表示的法律效力又该如何认定？可以看出，很多看上去貌似简单的法律条款，其实只是注意了通常情况。然而，一旦当出现了例外情况时，往往就会出现法律规范与法律事实形成法律适用上的真空现象。这还是由于立法上经验不够成熟，司法解释又跟不上。所以，近来各法律单位所实行的听证制度、专家顾问制度以及律师、法官合并会议制度就是为了解决和完善现实司法实践中容易频频出现问题或失误的法律适用现象。只有准确结合不同情况，消化透彻相关法律规定的内涵释义，才能够得出正确的审判结论，也才能通过司法实践中准确适用法律，来实现国家乃至整个人类社会中法律适用的公平公正效果。

第三节　法理学上强制性规则的分类

一、合同法上的强制性规则与冲突法上的强制性规则

根据强制性规则调整的对象和适用的国内外范围的不同，强制性规则

① 如《保险法》第61条第2款关于“投保人指定受益人时须经被保险人同意”的规定，也是看似明确、具体。

可以分为合同法上的强制性规则和冲突法上的强制性规则。

合同法上的强制性规则，是指根据一国国内合同法的规定，禁止当事人通过合同约定排除准据法适用的具有强制性效力的法律规则。[①]从该表述的适用范围上来看，合同法上的强制性规则用来解决的是国内签订合同时禁止自由选法的问题，其应该仅仅适用于调整国内基于当事人双方或多方签订的合同产生的合同法律关系，而与国际私法上的基于冲突规范产生的法律规范的适用，不会产生联系。然而在某些特定情况下，比如当发生国内法的域外适用，即某第三国的法院依据其内国法上的冲突规范选择了适用上述国内合同法上的强制性规则来审理案件，那么此刻该国的合同法律规范上本来只能用于规范域内的强制性规则，就有可能被受理涉外案件的法院依照最密切联系原则，将该国合同法律规范上强制性规则作为准据法，从而使其具备了域外适用的强制性法律效力。

由于合同法上的强制性规则主要用于调整在国内民事交易中发生合同法律关系时该适用哪部分合同法律条款来解决实体法之间或一部实体内部适用不同法律条款之间的冲突问题，属于对一国国内实体法律关系中具体条款的选择与适用问题；而冲突法上的强制性规则，则主要用于解决不同国家之间因发生民商事活动产生的民商事法律关系时，该适用哪国法律进行调整的问题。也或许是因为这个缘由，国内有学者将前者称为国内强制性规则，将后者称为国际强制性规则。但这种说法也被另外一些学者所否定，他们认为将强制性规则分为国内强制性规则和国际强制性规则两种方式的分类标准并不准确，甚至也并不科学，因为这两类规则实质上都是国内法上的特别规定。

① Michael Wojewods, Mandatory Rules in Private International Law, (7 MJ 2, 2000), p.189.

关于合同法上的强制性规定[①]，基本是调整纯属国内的实体法条款上的选择适用问题，其适用过程基本也就是法院在判决实体案件时选择法律依据的过程，而冲突法上强制性规则的适用，虽然是用来调整涉外民商事关系时的法律规范的选择适用问题，即与合同法律规范相比，合法法律规范（强制性规则）解决的是从一部部门法内部寻找法律适用依据，而冲突法律规范解决的是适用哪个国家的法律规范（强制性规则）问题，但是，二者同属于一国国内立法，因而就据此将其称为国内或国际上强制性规则（规范），并不科学，也不符合实际。他们只是调整的对象和适用的范围不同而已。而划分国际法律规范还是国内法律规范的标准，依据的应该是其制定的主体，由国际社会制定的法律规范，才能称之为国际法律规范。对于冲突法来说，只有在处理涉外民事关系时才成为国际私法上冲突规范选法的对象，而且这种调整也是充满了浓厚的国内法色彩，因为一国的强制性规则的适用基础所凭借的是其国家主权。在国家立法适用“主权优位”原则还是“平位协调”的原则下，其在国际社会所产生的法律效果也是不一样的。同样，基于一国主权所作出的强制性规则的适用标准，放在国际社会这个大的视角来看，也未必会得到其他国家甚至大多数国家的认可。

对于冲突法上的强制性规则来说，根据现代国际法原则、国际习惯和国际社会一般法律原则的标准，一国的法律规定依据国家主权原则其只能适用于其国家主权所能覆盖的区域。然而，有时候由于该国对于某些法律规范的适用产生了特殊的利益，因而这些法律规范就具备了域外适用的效

① 在本书中，如果谈及具体的法律条款，一般会用“强制性规定”的表述，而当从一般意义进行学术讨论时，则用强制性规则或强制性规则的表述较多。其实质学术内涵基本没有区别。参见冀诚．对我国合同法上强制性规定的类型分析[J]．北方法学，2012(4)．

力,[①]成为国际社会上通过冲突规范的指引进行域外适用的法律规范上的强制性规则。冲突法上的强制性规则又可以被细分为半冲突法上的强制性规则和完全冲突法上的强制性规则。[②]前者是指,仅可以排除当事人依据合同法律关系通过“意思自治”原则所选择确定的强制性的法律规定;[③]而后者则是指无论准据法的确定方式如何,均可排除准据法适用的强制性的法律规定。[④]

二、普通型强制性规则与特别型强制性规则

普通型强制性规则是指,能够普遍适用于调整涉外民商事法律关系中所有类型的强制性规则。例如根据《罗马条例Ⅰ》第3条第3款规定的内容,如果在进行法律选择与适用时,发现与合同有关的所有要素仅和一个国家存在部分法律关系,当事人也不得选择有关减损该国强制性规则的法律规范。这就说明,普通型的强制性法律规范具有普遍适用的功能,具有该特征的能够适用于所有类型合同法律关系强制性规则,就属于普通型强制性法律规则。

与普通型的强制性法律规范具有普遍适用的法律功能不同,特别型强制性规则只适用于某类特定的法律关系,即特别型强制性规则不会对所有类型的法律关系都产生强制性效力。根据《罗马条例Ⅰ》第5条第2款第1项的规定,在消费者合同中,当事人所选择的法律不得减损消费者惯常居所地的强制性规则对其提供的最低的法律保护。可以看出,本条规定的关键字眼是消费者合同,由于该强制性规则仅仅局限于消费者利益这一特定类型

① 如美国的“长臂管辖”制度。

② P. Kaye, “The New Private International Law of Contract”, European Community (1993): 242-243.

③ Michael Wojewods, Mandatory Rules in Private International Law, (7 MJ 2, 2000), p.189.

④ 参见《罗马公约》第7条第1款、第2款,第9条第6款。

法律关系的适用，所以就被归类于特别型强制性规则。

三、一般性强制性规则与优先性强制性规则

这是《罗马条例Ⅰ》中对强制性规则进行的分类。一般性强制性规则是指当事人不得通过协议选择减损或者排除一国强制性规则的法律规则。从其定义上来看，是指一般的强制性规则只能排除当事人约定的准据法。这其实与半冲突法上的强制性规则是一个法律概念。优先性强制性规则属于一国为了维护其国家重大或特殊利益或至关重要的社会公共利益，而规定的必须被排除而优先适用的法律规则。这个概念，其实就是前面所讲的完全冲突法上的强制性规则。如果出现与法院地法中的优先强制性规则相冲突的情况，受法律适用效力属地优先的制约，则要优先适用法院地国法上的优先性强制规定，[①]这是属地管辖优先原则的表现。可以看出，这组概念的分类，虽然名字不同，但是与前面的那一对概念相比，属于重复分类，纯属一个概念，只是基于不同维度的两种表达方式而已。这也可以看出，国际私法上一些研究学说，其实带有重复论证的性质。上述两个法律概念的区别，其实与半冲突法与完全冲突法的强制性规则的概念一样，即一般强制性规则(半冲突法上的强制性规则)仅可以排除当事人依照“意思自治”原则选定的准据法；而优先性强制性规则不但可以排除当事人依照“意思自治”原则选定的准据法的适用，还可以排除受理法院依照冲突规范多边选法准则确立的准据法的适用——当法院地国法律规范中存在优先性强制性规则时除

①《罗马条例Ⅰ》第9条是有关优先性强制性规则的规定，根据该条的具体规定：“1.优先性强制性规则是指，一国认为在维护其诸如政治社会或经济组织等公共利益方面至关重要而必须遵守的规则，以至于对属于其适用范围的所有情况，不论根据本条例适用于合同的是何种法律，它们都必须予以适用；2.本条例的任何规定不得限制法院地法中优先强制规则的适用。”

外，即涉外法律适用中的“属地主义优先”原则。[①]

四、国内法上的强制性规则和国际法上的强制性规则

依照制定主体和调整范围的不同，强制性规则还可以分为国内法上的强制性规则和国际法上的强制性规则（国际强行法规范）。

国内法中强制性规则的制定主体是一国的立法机关，其内容主要体现在国内民法中特别是合同领域内实体性规范中的强制性规则，其调整范围主要用来规范当事人的行为必须符合社会公共利益或者公序良俗。国际法上的强制性规则的制定主体则往往是由多个国家组成的国际组织，其内容主要是由国际协议（条约）、国际基本原则[②]构成的国际强行法理论，调整范围主要是国际社会上各国的不法、不规范行为，这与国内法意义上的强制性规则存在着很大的不同之处。

---

① 以杜涛为代表的一些国际私法学者认为，属地主义优先原则其实已经不适用现代国际私法理论解决不同地域（法域）法律适用冲突的需要。他认为，绝对属地主义原则已经被19世纪以来的现代国际私法理论所抛弃。现代国际私法的基本理论预设是各国民商法在一定条件下相互适用。绝大多数国家都不再规定地域适用范围。在国际政治法治化、国际经济全球化、国际社会信息化、国际文化多元化的当下，各国法律之间的交互适用已经成为常态。在大力推进自由贸易区和“一带一路”建设的背景下，我国应树立“中国立法、世界适用”的现代化国际私法适用理念。参见杜涛，肖永平.全球化时代的中国民法典：属地主义之超越[J].法制与社会发展，2017(3).

② 何志鹏.国际法基本原则的迷失：动因与出路[J].当代法学，2017(2).

第二章 国内法上的强制性规则理论

国内法上具有强制性适用效力的规定有不少常见的表述方式，如，强制性规则、强行性规范、强行性规则，强行法等法律术语，其概念内涵与外延的范围，基本上都差不多。国内法中的强制性规则主要体现在实体性规范中对一些特别事项做法的强制性要求，因为程序性规范体现的是国家意志与司法权威。在一般情况下，对于程序性的规定是必须遵守和执行的，即程序性权利是实体性权利的前提和基础，程序正义为实现实体正义提供程序上的各种保障。

第一节 国内法上强制性规则的产生

20世纪30年代爆发的资本主义经济大危机，使得国际社会上的各行各业的商事主体纷纷倒闭，国内国际市场上都产生了经济“大萧条”现象，这给世界各国的经济和稳定带来了极其严重的后果。西方各国政府认识到了“自由放任主义”的弊端之后，为了保护本国经济正常有序和稳定发展，便开始大力推行国家干预私法政策。于是在世界各国就逐渐出现了大量的关于强制性规则及其适用方面的立法，用来管制原先单纯由民法等传统私法调整的事务。

不过，当时世界各国为了规范本国经济平稳发展，出台的强制性规则大多属于国内法上约束“自由放任”和维护国内经济环境稳定发展的强制性规则制度。但强制性规则往往是对“自由放任”行为和为维护国内经济环境稳定才会作为兜底条款出现并适用，故而强制性规则仅当法定事由出现时才会用于调整和规范那些会妨碍本国经济发展的因素，以避免造成对国家利益和社会秩序不利的影响。而适用强制性规则所产生的法律后果，则不会依当事人的“意思选择”规则而发生改变。[①]

可以看出，国内法上的强制性规则及适用与国际私法上的强制性规则及其适用相比较而言，二者虽然存在着非常紧密的联系，但无论就其制度的产生、发展、价值功能还是在具体的法律适用方面，还是有着巨大的区别。

在我国国内私法领域，强制性规则的价值功能，主要体现在涉外经济合同的法律适用上。一般情况下，违反一国民商事法律规范上强制性规则的行为，不会产生法律上的效力，亦不会受到国家法律的保护。这是因为，从法理学的一般意义上来讲，违反一国民商事法律规范上的强制性规定缔结的合同，会被法院认定为“自始无效”。

但在司法实践中，合同领域的强制性规则又被区分为“效力性强制性规则”和“管理性强制性规则”。[②]二者的区别是：如果合同法法律规范上明确设置了违反该条款则“合同归于无效”字样条款的强制性规则，属于合同法上的“效力性强制性规则”，对于违反“效力性强制性规则”的，在司法实践中该合同往往会被法院认定为无效合同；[③]但是，如果合同法法律规范上的强制性规则条款虽然也作出了包含“必须”“应当”“严禁”等字样的规定，却并未明确作出如果违反该强制性规则合同将作无效处理的法律后果的约定，则在司法实践中，该种情况下的合同法院一般不能仅以违反管理性强制性规则为由而认定合同无效。这就是上述两种不同的强制性规则在被违反时

① 史尚宽.民法总论[M].中国政法大学出版社，2000:12-13。

② 陈醇.跨法域合同纠纷中强制性规则的类型及认定规则[J].法学研究，2021(3).

③ 如《合同法》第52条规定，“有下列情形之一的，合同无效”。

法律适用上的区别。

第二节 国内法上强制性规则的范围

在国内法上，强制性规则指法律的规定必须严格遵循，当事人不能通过"意思自治"原则进行改变，亦不能变通执行。违反了国内法上的强制性规则将可能导致其相关的民事行为无效或者被撤销。这与另一法律规则任意性规范有所不同。[①]国内法上的法律规则大致分为任意性规则和强制性规则。任意性规则大多体现在民法中合同法部分，其主要形式是当事人通过"意思自治"来约定双方的权利和义务，以及在履行合同过程中出现纠纷时如何选择适用的法律。而强制性规则往往是作为兜底或例外条款在条文中出现，或者通过单边冲突规范的方式直接排除其他法律的选择及适用。

国内法上强制性规则的范围很难划定，基本上分布于各个部门法规范中，也不太容易形成完整统一的体系，故而其适用范围也就是根据各个部门法的规定"自行其是"。

国内法上的强制性规则一般都没有形成非常完整的法律体系。特别是对于尚未形成统一的民法典的国家，由于该国的国内民事法律体系并未架构起来，因而其国内法上的强制性规则就往往只能分散于各个法律部门之中。

以我国为例，2020年5月《中华人民共和国民法典》（以下简称《民法典》）出台之前，上述强制性规则主要分布于各个法律部门独立适用。但在《民法典》出台之后，原先存在于一些部门法中的强制性规则被融入《民法典》，而

① 任意性规范指虽有法律的规定但当事人可以加以选择，法律允许当事人作出另外的约定，法律条文只有在当事人没有另外约定的情况下才能够被适用。

原法律规范则被废止。[①]所以,在私法领域,我国国内法上关于强制性规则的体系建设已经好了很多,相对传统多部法律规范甚至有些规定存在冲突在适用上存矛盾的现象,已基本不存在了。

在我国刑事领域,因为有统一的刑法典的存在,而且刑法出于其本身对于法律规范严谨性的要求,而且其条款内容大部分都属于禁止性质的强制性规则,所以其关于强制性规则的法律规范相对于其他法律部门来说更成体系化,更加规范化,更具严谨性和司法适用的可行性。而对于行政法来说,关于构建中华人民共和国行政法典的呼声,在行政法学界虽然早已此起彼伏,特别是自《民法典》出台后,这种呼声虽然更加高涨,但由于行政法体系涉及的内容更多,且关于公、私权力(利)交界的内容如何分野,更是烦冗复杂,非一日之功就能完成,且依照目前国内外的发展形势来看,完整统一且成熟完善的中华人民共和国行政法典[②]的出台,尚需时日。所以,在行政法领域,关于强制性规则及适用的条款,在当下相对于我国其他的法律部门来看,其分散性还是比较强的。

另外,在我国的法律体系中还存在着大量的与强制性规则(与之相对应的是强制性法律规定,法律用语往往为“必须”“应当”“禁止”“不得”等)相对立的任意性规则(在法律条文中的用语往往为“可以”“有××的权利”等)。当

① 根据《民法典》第1260条的规定,自2021年1月1日《民法典》施行后,原来的《中华人民共和国婚姻法》《中华人民共和国继承法》《中华人民共和国民法通则》《中华人民共和国收养法》《中华人民共和国担保法》《中华人民共和国合同法》《中华人民共和国物权法》《中华人民共和国侵权责任法》《中华人民共和国民法总则》九部法律已经废止。

②根据行政法领域的学者的研究和建议,未来施行的中华人民共和国行政法典,应该包括中华人民共和国公务员法、中华人民共和国监察法、中华人民共和国行政许可法、中华人民共和国行政处罚法、中华人民共和国治安管理处罚法、中华人民共和国城乡规划法、中华人民共和国政府采购法、中华人民共和国行政复议法、中华人民共和国行政诉讼法等内容。.

然，随着国家对内对外政策的调整和变化，国内强制性规则与任意性规则，有时会互相转化。

第三节　国内法上强制性规则的适用方式

国内法上的强制性规则真正具有直接适用性，无需通过冲突规范的择法环节。

国内法上的强制性规则大多都属于实体规范，可以真正实现“直接适用”的法律效果，条款设计简单明了，内涵与外延范围都特别容易理解，无论在理论研究还是在司法实践中，国内法上的强制性规则一般都不会产生误解或误用的情形。

国内法上的强制性规则，特别是调整纯粹国内民商事关系的强制性规则大多属于实体性的法律规范，属于真正意义上的“直接适用的法”，即不需要通过冲突规范的指引就可以由法院直接应用于具体案件的适用中。国内法上还有一类强制性规则属于单边冲突规范，也属于实体规范的范畴，不经过冲突规范的指引，而直接适用于具体案件。但这并不属于当下大多数国家的做法，也不符合当前国际经济背景下涉外民商事活动发展的趋势。

一般情况下，国内法上的强制性规定，不能直接挥涉外适用的功能，除非经过国际私法上冲突规范的指引。

第四节　国内法上强制性规则的适用价值

一、国内私法上适用强制性规定主要在于限制“意思自治”

与国际私法上的强制性规则不同，国内法上的强制性规则，主要是用于限制私主体之间的意思自治，即私主体之间通过约定形成但与国内法律关于效力性的规定冲突的部分，将归于无效；[①]而与管理性规范冲突的部分，[②]则需要修正。

另外，由于国内法上的强制性规则，主要用于通过限制和排除私主体之间不正常、不公正的行为，进而保护正常的民事行为，并不存在连结点的选择。

二、国内公法上适用强制性规定主要在于规范公权力公正运行

国际私法上强制性规则的适用，主要体现在“适用”方面的强制性进行价值选择的功能不同，国内法上的强制性规则的功能，更加体现出对实体法中的权利人权利义务规则遵守的强制，以及程序法中国家公权力机关对程序性规则的遵守、对当事人程序性权利的保障。否则，违反国内私法中实体法（如民法）的后果，将直接导致当事人一方或几方事先约定的行为产生无效、不受法律保护的后果；而违反国内公法（如刑讯逼供、暴力取证是刑法所禁止的行为，也是一种强制性规则）的法律后果是取得的证据无效。

在国家利用公法干预私法以维护国家整体利益和社会公共利益的国内法律体系中，往往存在着大量的强制性法律规定。国家通过这些强制性法律规定的实施，来达到规范私主体的行为不得过于“自由放任”[③]的法律效果。而在刑法、经济法、行政管理法等事关国家社会秩序正常有序运行的国内公法法律体系中，存在着大量的强制性规则，主要用于规范国家公权力不被滥用。

当然，违反国内法强制性规则的行为，除了行为本身无法产生合法的法

---

① 顾全.民事法律行为效力评价维度 ——兼论及限制性规范体系的理解适用[J].东方法学，2021(1).

② 高国柱.全球化背景下政府管制的冲突与协调——以涉外经济管理规范为视角[J].清华法学，2009(1).

③ 孔祥来.儒家经济思想的“自由放任”倾向[J].孔子研究，2021(3).

律后果而得不到法律的保护之外，还有可能会产生另外的损害后果，也有可能产生损害国家重大利益的后果。比如，在我国刑事司法实践中出现过的案例：几名大学生以“勤工俭学”的名义，无意中向境外在国内潜伏的间谍人员约定，通过向其提供含有周边国防位置的素描图纸，进而获得少量的酬劳。这样的约定是《刑法》《国家安全法》中严厉禁止的强制性规则，不但为境外人员提供敏感国防信息的约定无效，而且还是严重违法犯罪的行为。

第三章 国际法上的强行性规范理论

从当前的立法体系及制定主体来看，强制性规则的范围必然要包括国内法上的强制性规则和国际法上的强制性规则[①]。国内法上的强制性规则，指世界各国立法机关制定的强制性规则；国际法上的强制性规则即指为国际社会所公认并被各国普遍接受的国际强行法，或称国际强行性规范[②]。

从本书的论域来看，强制性规则的适用方式，至少包涵了内国强制性规则在法院地国的强制适用，以及外国强制性规则或国际强行规范（包括国际强行法、国际社会的一般法律原则和具有普遍拘束力的国际习惯）作为准据法在法院地国的强制性适用。故而，从强制性规则的适用理论来看，世界各国制定的国内法上的强制性规则，以及国际法主体制定国际法上的强制性规则（国际强行性法律规范），都可以纳入强制性规则法律规范的范围，以用于调整法院地国（域内）的民商事关系或者法院地国以外的国家（域外）发生的民商事纠纷。

① 从法理学上讲，规范包括规则与原则。所以，（法律）规范的概念范围广于（法律）规则。国际法的适用，往往包括了国际社会公认的具有强制拘束力的一般法律原则的适用，所以本书中的术语以“强行法规范”为宜；而对于国内法，从法律适用角度上讲，主要还是限于国内法上“规则”（具体表现为法律条文中的规定）的适用，故而在本书中使用术语“规则”为宜。

② 又称强制法，或称绝对法，含义为必须绝对服从和执行的法律规范。强行法已逐步成为第二次世界大战以来维护世界秩序的法律准则，成为国际社会全体接受并公认为不能违背须绝对遵守，且仅仅由以后具有同等性质的一般国际法使得变更的规则。它不能以个别国家间的条约排除适用。

第一节 国际法强行性规范的体系构成

国际法上的强制性规则,大多数国际法学者都普遍认为主要指的是国际强行法规范。[①]按此理解,国际法上的强制性规则指的就是国际强行法。其实,在国际法上具有强制执行效力的规范除了国际强行法之外,还包括为国际社会所公认的对于各国具有普遍拘束力的国际法基本原则和国际习惯。[②]只不过,国际强行法是主要的强行法规范,其不但有明确的制定主体,而且其内容与效力规定得更加明确、具体,也更加容易基于"条约必须信守"原则,而得到普遍的遵守和执行。但是,国际强行法规范从其概念构成上来讲,就必然包括了以国际条约为主要内容的国际强行法、具有普遍拘束效力的一般法律原则以及国际社会所公认的国际习惯。

在国际法学界,一般将国际法分为国际公法、国际私法和国际经济法三个领域并行研究,但在单独谈及国际法时,往往又会专指国际公法。本章中的讨论,在谈及国际法时除了特别指明,否则指的就是国际公法。所以,在本章节及后文中谈及国际法上的强制性规则及其适用时,就是指国际公法上的强行性规范及其适用。

其实,法理学上的强行法本来是国内法上的一个与任意法相对应的法律概念,它指的是在一国国内居民在从事民商事活动时必须"绝对遵守"的法律规范,否则就会对当事人产生不利的法律后果。后来强行法才成为国际法上的一个概念,[③]其内涵与外延也渐渐得以明确和完善,并为世界各国

① 任虎.国际强行法和普遍义务关系之争论及其辨析[J].中国政法大学学报,2021(1).

② 还有学者认为,国际法上的强行性规范,还包括国际惯例。但国际习惯与国际惯例并不是一个法律概念,甚至说国际惯例不是国际公法上的法律概念,而应是国际私法(统一实体规范)或者国际经济法上的一个法律概念。

③ 把强行法概念引入国际法的是奥地利国际法学家阿尔弗雷德·菲德罗斯(Alfred Verdross)。

和国际组织所理解和接受。

在国际社会，国际强行法作为一类国际法上的强制性法律规范，意味着各国不得随意违反。国家之间或国际组织所签订的与国际强行法相冲突的国际协议(条约)绝对无效。

第二节 国际强行法适用的效力来源

从前面章节的论述可以看出，国内法上强制性规则的实施就是执法和司法的过程。一国国内法贯彻实施的效果如何，往往可以反映出该国的法治状况。但是对于国际法来说，情况就与之有着根本的不同，因为国际法的效力来源于世界上大多数国家的自由意志的汇聚。[①]国际法的制定主体一般都是各主权国家的联合体，或者代表着国际社会发展方向、符合各国普遍和共同利益的国际组织，如联合国、世界贸易组织等。这些有着共同意愿的国家在“条约必须信守”[②]的理念支配下，愿意尽国家之责任，履行国际法上的国家义务，共同制定出某个大家承诺共同遵守的国际协议(条约)。

国际强行法的法律效力并不是来源于各个国家汇聚在一起的司法实践或法律习惯，它的强行法标准也并不取决于是否需要取得世界所有国家的同意。任何单个国家或国际组织或其他国际社会成员的孤立的反对，并不能够就当然构成对国际强行法的否定。

1969年联合国发布的《维也纳条约法公约》，[③]是第一个对国际强行法规范作出明确规定的国际性法律文件。该公约对国际强行法及其适用问题作

① 王铁崖.国际法[M],法律出版社,1995:7.

② 汪静.略论国际法上的“条约必须信守原则”[J].法学家,1986(7).

③《维也纳条约法公约》1969年5月23日签订于维也纳，于1980年1月27日生效。中国于1997年9月3日交存加入书，于1997年10月3日对中国生效，对《维也纳条约法公约》第66条持有保留，并宣布台湾1970年4月27日的签署非法、无效。

出了若干具体的规定，对于稳定国际秩序、促进国际社会的和平与发展以及推动国际法强制性效力的实现发挥了重要作用。该公约第55条首次正式使用“一般国际法强制规律”这一表达方式，来指代国际强行法概念。[①]

从国际法学者的学说、国际法庭判例、《维也纳条约法公约》的表述中可以看出，现代国际强行法已经具有了自己独特并为国际社会所认可的特征：(1)国际社会全体成员普遍接受；(2)国际社会公认为不可损抑；(3)除非以后产生同等性质的国际强行法，在这之前，任何国际社会成员或国际法主体都不能随意对其内容进行更改。

1980年欧洲共同体成员国签署于罗马的文件《关于合同义务法律适用公约》，以下简称《罗马公约》)，统一了欧盟合同冲突法制度。[②]随着欧洲经济一体化的不断深入，《罗马公约》日益不能满足法律适用统一化的需求。2008年6月欧盟成员国签订《关于合同之债法律适用的第593/2008号条例》(以下简称《罗马条例Ⅰ》)，在秉承《罗马公约》有关规定的基础上，从适用范围、当事人意思自治、未选择法律时准据法的确定方法、运输合同和保险合同的法律选择、对强制性规则的界定等方面发展了《罗马公约》的内容，以共同立法的方式实现了欧盟合同冲突法的统一与变革，有力地推动了欧盟国际私法的进一步发展。[③]可以看出，从《罗马公约》到《罗马条例Ⅰ》，在欧洲，

① 《维也纳条约法公约》第53条规定：“条约在缔结时与一般国际法强制规律抵触者无效。”按该条规定，一般国际法强制规律是指，“国际社会全体接受并公认为不许损抑且仅有以后具有同等性质之一般国际法规律始得更改之规律。”

② 其主要内容为：(1)合同当事人可选择适用于合同全部或部分的法律。选择无合同类别限制，无时空限制，并可于事后变更，但不得违背与合同有最密切联系的国家法律的强制性规定。(2)未作选择时，适用最密切联系原则。在运用该原则时，可对合同进行分割。(3)特征性履行合同适用特征性履行一方的惯常居所地、主营业所在地或管理中心机构所在地国家的法律。

③ 邹国勇．欧盟合同冲突法的新发展——《罗马条例Ⅰ》述评[J].广西社会科学，2012(7).

国际强行法理论所涵盖的内容是逐步明确并得以完善的。

国际法的制定主体是参与制定该国际法律规范的所有成员国形成的国际组织，也可以说是参与该国际法律规范制定的所有主权国家形成的集合体。然而，在国际法层面上制定的任何规则，基于国家主权的因素都没有也不可能产生超国家的力量。它没办法像国内法那样产生有组织、系统化的强制机关，既没有像国内那样超国家的机构可以进行法的运行，更没有可以承担对其他国家的国际法执行情况随时进行监督并对其违反国际法的行为实施国际制裁的法律监督和实施机构。国际法上法的实施，主要靠的是国家责任，各缔约国需要履行"条约必须信守"的国际义务。

国际强行法保障的是各国利益和国际社会的共同利益，属于国际公法范畴。国际法强行法的效力或者说可以"强行"的执行力，归根结底，是来自于国际社会上形成的"条约必须信守"（或称"有约必守"）的国际条约缔约原则。一个合法缔结并得到各缔约国共同承诺共同遵守的条约，在条约发生效力后的有效期内缔约国有"依约善意履行"当然国际义务。可以看出，"条约必须信守"原则来自各缔约国对于国际社会所承担国际义务[①]的责任和守信，来自各缔约国的国际自觉。各缔约国将国际法上"条约必须信守"原则奉行为国际条约的神圣原则，破坏国际条约或者公然藐视甚至违反国际法义务的缔约国将受到国际社会的群体反对，甚至受到来自其他缔约国的联合制裁。这样往往就会导致违反国际条约和国际法义务的国家在国际社会上失去国家信用，而失去国家信用的国家就会被其他的国际法主体孤立，进而失去在国际社会上的话语权。在经济、金融交往的全球联系与依赖如此密切的形势下，任何一个国家都很难生产或者制造出本国所需要的所有产

① 朱丹.论国际义务与国家责任的援引[J].安徽大学法律评论，2008(2).

品，而不得不需要同国际社会上其他国家或地区保持一定的贸易、金融、技术或者投资服务等国际合作。可以看出，在国际社会上失去信用的国际法主体，将很难再在国际社会上顺利地开展国际业务，其很多原本从事国际商事活动的权利或者机会都将被国际社会所剥夺。所以“条约必须信守”原则虽然不像国内法上的法律规则那样具有以国家作为后盾的强制执行效力，但是在国际条约法上也颇具威力，是国际社会普遍遵循的相当重要的国际基本原则“善意履行条约”原则就是要求各缔约国诚实正直地履行各国所共同签订认可并同意认真遵守的国际条约上的相关规定，需要各缔约国不仅要依照国际条约的字面规定履行条约义务，而且更要依照国际条约内容所涵盖的责任、义务要求以及条约字面规定下的精神进行履约——履约过程中所发生的行为，如在环境保护方面，必须符合国际社会乃至全人类的共同利益，而不能施行仅仅为了自己国家或者部分国家利益而损害其他国家权益的行为。各缔约国不能以任何行为或者方式减损条约的宗旨和目的。对于国际强行法的实施而言，“条约必须信守”原则，必须加上“条约必须善意解释”原则，在适用上才能实现其缔约的初始目的。

一、国际法本身的强制性适用效力

国际法本身所具有的强制力，主要体现在国际法基本原则和国际强行法的施行和遵守的过程中。

(一)国际法的基本原则具有强制效力

国际法的基本原则是指，被世界各国公认对其具有普遍拘束力，适用于国际法的一切效力范围，并构成国际社会上国际法基础的那些法律原则。[①]从这段话可以看出，并不是所有的国际法原则都是国际法的基本原则。国

---

① 万鄂湘.国际强行法与国际法的基本原则[J],武汉大学学报(社会科学版),1986(06).

际社会上的法律原则，应该有普通法律原则和基本法律原则之分。只有具备上述特征的国际法律原则，才能被认定为国际法的基本原则。首先，要成为国际法的基本原则，就必须成为被世界各国所公认的法律原则①。因为，不能被世界各国所公认并普遍接受的法律原则，是无法适用于国际法的一切效力范围的，也就不具备对世界所有国家、各国际组织和其他国际社会成员的普遍拘束力。这样的国际法律原则，就只能是普通的国际法律原则，而不是国际法的基本法律原则。所以，不为各国所公认并普遍接受的国际法律原则是不能被称之为国际法的基本原则的。②其次，国际法的基本原则必须是符合国际社会进步要求标准的原则，即该国际法律原则必须具有进步性，而且这一进步性必须是经过了正当的国际立法程序的认可。因为只有具备进步性的国际法原则，才会具有一直不断向前发展的生命力，③才会为各国所持续遵守，才会一直保持对世界各国的普遍拘束力，也才能够通过正当的国际立法程序的认可。从上面论述可以看出成为国际法的基本原则的条件，一项国际法律原则只有在具备了上述这些条件之后才能被称之为国际法的基本原则。

国际法的基本原则是一般法律原则产生的法律依据和理论基础，因而它是国际法得以生存的土壤和源泉，也是整个国际法体系不断向前发展进步的价值支撑。对世界各国来说，无论是强国还是相对弱小的国家，对国际法的基本原则都必须一直遵守并坚持长期维护和实施，否则整个国际法体系必将遭到破坏甚至面临崩溃，进而世界各国自第二次世界大战以来建构

① 王铁崖．国际法[M]．法律出版社，2005:48-51.

② 按照公认的规定和解释，国际法基本原则完全具备国际强行法的各种条件和特征，但具有强行法性质的原则不一定均为国际法的基本原则。

③张乃根．试论人类命运共同体制度化及其国际法原则[J]．中国国际法年刊，2019(1).

起来的对于国际法基本原则的信仰和整个国际法的价值体系也会发生动摇以至坍塌,那样产生的后果将不堪设想,将会严重影响世界的和平与发展。基于国际法基本原则存在的价值蕴涵,使其外部特征体现为不但具有高度的概括性,同时亦难免具有难以摆脱的过于费解的抽象性等。从国际法的基本原则的外部特征及其价值蕴涵可以看出,有时需要从国际法基本原则中派生出一些具有明确可操作性和具体可适用性的国际法特别原则或者区域性原则,或者针对某些领域的专门适用需要引申出一些新的专用规则,从而不断丰富和拓展整个国际法体系的内涵与外延范围。通过这样的原则派生方式,来保证国际法基本原则在国际社会正常发挥其维护国际社会公平的功能,同时亦也不断焕发出新的生命力。

(二)国际强行法具有的强制力

国际强行法是由国际社会和国际法上一系列具有法律强制拘束力的特殊原则和规范组成的法律集合体,它对世界上任何国家或国际组织违反其强制性规则的行为都具有国际社会普遍认可的强制执行的国际法律效力,包括具有可以约束、制裁或者强制执行这些违反国际强行规范的国家或者国际组织,直至迫使其重新遵守国际强行法的国际法律效力。[①]以上可以看出,与国内强制性规则或者其他国际社会上的一般法律规范相比,国际强行法具有自己独有的特征:即任何国际社会成员都不得以不是某个国际条约的成员国为理由,来否定或排除载有国际强行法规范条款的国际条约,对它产生的国际法上的强制性制约的法律效力。[②]

国际法上的强行法标准主要体现在以下三个方面:首先,国际强行法对

① 张光.论国际投资仲裁中非投资国际义务的适用进路[J].现代法学,2009(04).

② 采用"国际社会成员"这种表述方式,是考虑到国际法上除了国家还有其他法律主体存在这一事实。

于世界各国或国际法主体都具有普遍的拘束力。其次,国际法主体不得以条约、协议或默许等方式来排除国际强行法的适用,即便某些国际法主体或区域性组织“另起炉灶”,设立相关排斥国际强行法的规则,其也产生不了国际强行法上的强制性法律效力,更不会被国际社会其他国际法主体所接受或者认可。最后,国际强行法只能在出现新的强行法规则后被新的规则所替代,而不能由任何国家或国际组织以双方或者多方协议的形式进行修改或否定。[①]

(三)国际法上国际习惯强制拘束的适用效力

按照国际法原理,国际习惯要形成离不开两个主要因素:一个是“实践”[②],另一个是“法律确信”。[③]“实践”是指一个国家通过反复、持续或者经常、统一性地发生某种国际上的实际行动,进而达到实现某种目的行为[④]。“法律确信”则是指某种正在形成的国际习惯,对大多数国家而言,在大多数情况下,已经形成了国际法律规范上的说服力。[⑤]只有完成上面两项工作,

①《维也纳条约法公约》第64条规定了“一般国际法新强制规律(绝对法)之产生”的后果:“遇有新的一般国际法强制规律产生时,任何现有条约之与该项规律抵触者即成为无效而终止。”

② 即国家实践。国际法中习惯作为法律渊源的另一要件是国家实践,它更容易辨认,所以更加客观。

③ 一种认为某行为是法律义务的信念。法律确信是一种信念,是习惯作为法律渊源的主观要件。在国际法中,法律确信是用来判断一个国家的实践是不是出于该国相信它有法律义务为某一特定行为的主观因素。基于翻译的原因,该术语有时用作“法律确念”。

④ 该国不但已经将其视为国际法上的习惯性规则,而且还用实际行动表达过其愿意遵守这种国际法上习惯性规则的意愿。

⑤ 法律确信指的是国家作为行为主体时的心理状态,即国家如此行事的原因,所以实际上很难识别和证成。在国际实践中,许多资料被用来证明法律确信存在,包括外交信函、新闻稿和其他政府政策声明、法律顾问的意见、关于法律问题的官方手册、立法、国家和国际司法判决、国家认可的法律简报、国家批准的包括着同样义务一系列条约、联合国的决议和声明等。

才能形成国际法意义上的国际习惯,并对该国产生国际法上的效力。

在国际实践中,国际习惯的普遍拘束力对于有些国家来说,往往并非一直"普遍"存在并具有效力,故而其普遍拘束力是相对的,只适用于那些认可该国际习惯已经形成并且已经用实际行动表明其承认或接受了的国际法主体。因为国际习惯的形成过程往往并不是短暂的,甚至在形成的过程中可能会发生夭折,而且即便在形成之后,虽然其具有普遍的拘束力,但"普遍"并不意味着"全体",即"普遍拘束力"并不意味着其对世界上"所有的国家"都会发生拘束力。因为,不愿意接受该国际习惯对其发生拘束力或者不认可该国际习惯价值的某个或者某些国家,可能会通过坚持适用"坚持反对者学说"来持续反对某个正在形成的国际习惯,进而排除该国际习惯对其发生国际法上的拘束力。"坚持反对者学说"是指国家通过实施持续反对的行为来排除某个正在形成中的国际习惯,最终使该正在形成中的国际习惯,不能成为国际法意义上的国际习惯,进而就无法产生国际法上的法律效力,无法以国际习惯法律规范的形式,适用于该持续反对的国家。[①]

国家要适用"坚持反对者学说"来排除正在形成的国际习惯发生效力,就必须满足两个要素:第一个要素是该反对国必须使其持续反对的某正在形成的国际习惯发展成为正式的具有国际法效力的国际习惯之前,就要在国际社会广泛宣传其主张以使得其持续反对的主张被国际社会广泛知晓;第二个要素是该反对国对正在形成的国际习惯的反对主张,必须是一直在不折不扣且始终如一地坚持反对,中间不能有中断或者改变意思表示的行为出现。

---

① 需要注意的是,这种持续反对的国家行为,既可以是对全部正在形成的习惯的反对,也可以只反对正在形成的习惯中的一部分。如果反对成功,则只有持续坚持反对的那部分产生"反对成功"的国际法效力。

另外,适用"坚持反对者学说"理论还需要注意以下两点:第一点是该理论只能坚持排除正在形成过程中的国际习惯,而不能排除已经形成的国际习惯对其国家的拘束力。如果该国所反对的国际习惯已经发展成为在国际社会上为大多数国家所承认的具有普遍约束力的国际强行法,那么该国就不再具有援引"坚持反对者学说"理论来减损该国际习惯对其产生强制拘束力的权利或机会。第二点是对于某个国际习惯形成后新成立或者新独立的那些国家来说,如果这些国家不接受该新形成的国际习惯,而坚持援引"坚持反对者学说"理论来反对该新形成的国际习惯对其产生的国际强行法上的拘束力,从国际法原理的公允原则上讲,这些国家应当不受"只能反对并减损'正在形成的国际习惯'的效力"规则的限制。

二、《维也纳条约法公约》上的国际强行法效力

《维也纳条约法公约》第53条规定,各国在缔结国际条约时,如果该国际条约的内容与现行的国际强行法规范相抵触,则该国际条约整体上直接归于无效(包括不存在抵触的条款内容);第64条规定,不同国家在缔结了国际条约之后,如果该国际条约与新产生的国际强行法规范相抵触,尽管该国际条约缔结行为发生的时间在先,而新产生的国际强行法规范开始发挥效力在后,但该国际条约亦会整体被归于无效,即该国际条约的效力从此终止(包括不存在抵触的条款内容),[①]但是依据该条规定,对于该国际条约在新的国际强行法生效之前已经实施的行为,依然有效,[②]即64条规定只规范新的国际强行法生效以后发生的国际条约缔结行为,如果与国际强行法发生抵触则国际条约的效力整体终止。而第53条规定约束的是任何新缔结的国

① 杜艳婷,尹雪萍.试论WTO争端解决中的法律适用问题[J].世界贸易组织动态与研究.2006(05).

② 梁开银.对现代条约本质的再认识[J].法学,2012(5).

际条约不得与现行国际强行法抵触，否则新缔结的国际条约自始不发生国际法上的效力。将《维也纳条约法公约》第53条和第64条的规定结合起来理解，就可以看出，所有与国际强行法规范相抵触的条约都将归于无效，但国际强行法规范形成之前缔结的国际条约的效力受《维也纳条约法公约》第64条的约束，而国际强行法规范形成之后缔结的国际条约的效力，则受《维也纳条约法公约》第53条的约束。所以说，对于与国际强行法规范相抵触的其他法律规范，在国际强行法规范确立之前的和确立之后的法律效力，受约束的程度是不一样的。

对于《维也纳条约法公约》的溯及力的理解，则可以通过厘清如下两个问题来确认。

第一个问题是，关于第53条是否具有溯及力的问题。在《维也纳条约法公约》面世之前，国际社会上已经形成了某些国际强行法规范，并且也已经在发挥调整国际关系的作用，而《维也纳条约法公约》的面世，对已经存在的国际强行法规范进行了确认，相当于是对已存在客观规则这个事实的明确和强调，所以说《维也纳条约法公约》第53条规定的性质，其实是对早已存在的国际强行法规范这一既存的客观事实，通过法律逻辑[①]进行汇编整理。而法律上的汇编和整理行为都不属于对于法律的创制或立法行为。其实，正是国际法在国际社会上逐渐发展并发挥了重要作用的客观事实需要，催生了《维也纳条约法公约》最终在1969年的诞生。如果从哲学层面来讲，《维也纳条约法公约》的诞生，既有其在某个时刻诞生的偶然性，也有国际社会需求催生其应运而生的必然性。所以说，《维也纳条约法公约》第53条，对于其产生国际法效力之前发生的属于国际法性质的行为，包括各国或国际组织

① 雷磊.法律逻辑研究什么？[J].清华法学，2017(4).

相互之间缔结国际条约的这种行为，是具有国际法上的溯及力的，应该可以回溯适用。从法理学上讲，《维也纳条约法公约》第53条所解决的问题，相当于国际法律规范早就存在，而事实行为发生在后，故而后面发生的事实，必须受到既存法律规范的制约。即第53条面临的是“法律在先，事实在后”的情况。

第二个问题是，关于第64条是否具有溯及力的问题。笔者认为，“成为无效而终止”的表述方式，就意味着先“无效”而后“终止”的顺位。条约被“终止”的原因，是因为新的国际强行法的出现，导致原条约中的某些条款规定与之相抵触，也就是说，在该项新的国际强行法规范产生之前，缔结在先的国际条约与旧有的国际强行法规范并不存在冲突的现象，冲突发生的开始时间是新的国际强行法规范产生之时，即新的国际强行法规范自开始发生法律效力那一刻起，就与缔结在先的国际条约产生了冲突。这时的解决办法就是，相对于新的国际强制法规范产生的时间而言，缔结在先的国际条约如果与新的国际强行法存在冲突，其法律效力就被迫终止，但是已经发生的行为的效力依然有效。[①]即因为依条约发生的那些行为，在行为发生之时，是并不违反当时国际强行法规范的。故而，不能以新的国际强行法规范来对旧有的行为进行追溯，因为，不能用明天的法律规范来约束今天的行为，否则，法律也就失去了“可预测性”[②]这一法理学上这基本的功能，让各国无法依法（到底依今天的法还是明天的法？更何况明天的法，今天还是未知）作出国际行为。这也符合法理学和刑法学上“法不溯及既往”原则。也就是说，对于某一既存并且早于该新产生的国际强行法新规范产生的国际

① 张潇剑. 论国际强行法的追溯力及对其违反的制裁——兼评《维也纳条约法公约》的有关规定[J]. 中国法学，1995(1).

② 郑晓英. 判决的可预测性与公众法律信任[J]. 临沂大学学报，2019，41(2).

条约,并不应当具有国际法上的追溯效力。

当然,如果通过审查发现,该国际条约与新产生的国际强行法规范存在相冲突的条款,那么,由于新的国际强行法规范已经产生,那些与新规范内容相抵触的条约条款,如果让其效力继续维持,则显然属于违反国际法的行为,既不符合国际法原理,也不符合法理学上的逻辑,更不符合任何一个法律部门的规定。然而,与国内法上所不同的是,这时产生的法律后果是存在冲突的原条款将被归于无效,而且整部国际条约也将被归于无效。整部国际条约被归于无效之后,由于这种无效是缘于新的国际法强行规范产生之后而导致的条约无效,故而对该国际条约的效力认定应该属于因为国际强行法新规范的产生而效力"终止",但并不是自始无效,即在新的国际强行法规范出台之前发生的所有行为的效力,都应当依照国际条约规定的内容进行处置,并不受新的国际强行法规范效力的制约(亦即新的国际强行法规范对其没有溯及力),从法理学上讲,国际法也应当遵循"从旧"原则,即今天新制定的法律规范,不应当对昨天发生的事实进行评价。否则,就会毁掉法理学上法律适用的"可预测性"原则,当然对于国际法(无论是强行性规范还是普通的国际法规范)来说,应该也必须用符合法理学和国际法原理的逻辑来解决问题。[①]亦即,国际法的适用同样也必须遵循法理学上的科学逻辑。故而,《维也纳条约法公约》第64条对于其适用之前缔结产生的国际条约无论是否违反条约法公约的效力问题,不具有溯及力;公约只对其确立后的国际行为发生国际强行法上的效力。可以看出,与第53条所不同的是,第64条所解决的问题是,相当于新的国际法律规范还没出现,而事实行为已经发生,故而发生在先的事实,不应当受到其后新产生法律规范的制约。即第64

① 徐崇利.国际社会理论与国际法原理[J].厦门大学法律评论,2008(2).

条所面临的是“法律在先，事实在后”的情形。

面对于新的国际强行法规范产生之后的缔结的国际条约，如果与新的国际强行法发生抵触冲突，则属于违反现行国际法规范的行为，当然其无法生效，有且自始无效，依该条约作出的行为统统不仅仅不发生国际效力，而如果有违反新国际强行规范的行为，则可能还要面临国际法上的制裁。这也是《维也纳条约法公约》第53条的功能，通过对比，就可以发现二者在适用时的根本不同。

第三节 国际强行法功能的实现

与国内法不同的是，在国际社会没有一个超国家的权威性司法机构来裁判某国际条约或某个国家（国际组织）的行为是否违反了国际强行法规范的标准，更没有像国内法上那样的法院执行机构来对违反国际强行法的国际社会成员进行强制性的执行制裁。在国际法层面之所以会出现这种现象，主要原因在于国际法制定的主要主体是多个主权国家组成的联合体或者合法成立的国际组织，基于国家主权原则，任何国家都不可以用自己的国内法来约束其他国家的行为。

一、依靠各国善意遵守和对国际责任的认知

国际联合体或者国际组织必须具有国际上大多数国家共同利益的代表性，并且其制定的国际法规范，也应当逐步受到国际社会成员的普遍认同。[①]要不然，所制定出的规范性文件只能是区域性的条约或者区域性的国际法。当然，区域性条约或者区域性国际法，随着时代的发展，有的也会因为逐步具备了国际法上的普遍共识属性为世界大多数国家所公认而发展成

① 何志鹏.漂浮的国际强行法[J].当代法学，2018(6).

为国际法。

国际法的实施与遵守义务,主要是由世界上多数主权国家独立或者联合来完成。而依据国际法上的主权独立原则各主权国家彼此相互独立,任何国家或者国际组织,对于主权国家所作出的是符合或者不符合国际强行法或者国际习惯标准的行为,都不具有凌驾于主权国家之上而发号施令的权力。因而国际强行法强制性的实现,主要只能依靠大多数国家的自我约束和相互监督。在全人类共同利益面前,国家之间的自我约束和相互监督已经显得非常重要。在当前阶段,甚至已经成为影响国际社会秩序稳定和全人类共同安全的一个重要因素,而建立在全人类共同利益价值基础上的国际法共同价值理念,也已成为各国自觉维持和保障国际法实施的不竭动力。

传统国际法的强制力除依赖各国的善意遵守外,在很大程度上要依靠各国自助和对国际义务的主动承担。通过各国履行国家责任和国际法上的义务,来推进和实现国际法上强行法的强制力,是国际法上强行法强制力实现的主要渠道,也是国际社会制裁违反国际法义务国家的重要手段。

二、与《维也纳条约法公约》相抵触的条约无效

《维也纳条约法公约》通过出台若干规定的方式,将国际强行法构建成为国际社会上的一个重要法律体系。这也让国际强行法成为国际公法上最为主要的强行性规范。另外,国际社会所公认的国际基本原则,以及具有国际拘束力的国际习惯,由国际社会成员普遍公认,也成为调整国际社会关系、稳定国际秩序的具有一定国际拘束力的国际强行性规范。而对于国际强行法来说,是世界各国作为整体通过的并承认其具有绝对强制性,且非具有同等强行性质的新的国际强行法规范产生之前,任何国家或国际组织都无权对其进行更改的国际法律规范。在国际强行法体系框架内,国际社会

成员的任何条约或行为(包括作为与不作为)都不允许与之相抵触。

(一)存在抵触性条款导致整部国际条约自始无效

《维也纳条约法公约》第53条设定的内容,其目的在于维护国际社会成员的共同利益。[①]依照《维也纳条约法公约》第44条第5款的规定,第53条所设定的条款内容是不允许分离适用的。即使条约的个别条款与国际强行法规范相抵触,那也必将导致整个国际条约的全部条款归于无效。即,整个国际条约亦被废止。对于已经实施的行为,如果属于公约第53条设定的内容的性质,即在国际强行法规范出台之后产生的条约行为的法律后果,也必须归于无效。

(二)抵触性条约自归于无效时终止效力

这种情况主要体现在《维也纳条约法公约》第64条的适用方面。第一,在新的国际强行法规范出台之前就已经生效的国际条约,因为存在与新生效的国际强行法规范相抵触的条款,则该国际条约的效力将不能继续而不得不废止。第二,在新的国际强行法规范生效之前因实施原国际条约而产生的权利义务关系,如果出现与新产生的国际强行法规范相抵触的情形[②]的处理如下:一是对于未实施的部分,因为新的国际强行法规范生效,而使之失去了继续维持的法律依据,则基于原国际条约而产生的权利义务关系一并废除;二是对于依照原国际条约的规定已经实施的权利义务行为,因为已经实施完毕故而也不再追溯。即《维也纳条约法公约》第64条对于新产生的国际强行法规范之前发生的条约行为,并不行使追溯力。这是《维也纳条约

① 参见《维也纳条约法公约》第53条:"与一般国际法强制规律(绝对法)抵触之条约,在缔结时与一般国际法强制规律抵触者无效。"

② 张潇剑.论国际强行法的追溯力及对其违反的制裁——兼评《维也纳条约法公约》的有关规定[J].中国法学,1995(01).

法公约》第64条与第53条相根本区别的地方。

三、非条约形式行为的效力

前述两个条款所规定的制裁措施尽管都是针对条约而言的，但对国际法主体的其他违法行为也同样适用。如果一个国际行为的实施与新诞生的国际强行法规范相抵触（新的国际强行法规范诞生在前，国际行为发生在后），则该行为及其后果属于自始无效；如果该国际行为在实施时，新的国际强行法规范尚未产生，或者虽已形成但尚未开始发生国际法上的强制效力（即国际行为发生在前，新的国际强行法规范诞生在后），那么已经实施的国际行为及其后果与该项新规范相抵触的部分则不会再被追溯为无效。但是，自新的国际强行法规范生效之后再发生的与之相抵触的国际行为，就不再具有任何国际法上的效力了。

现代国际法的发展，不仅对传统的自助行为进行了限制[①]，而且在实践中往往将制裁转化为国际组织实施的制裁——这也有利于受到不法侵害的国家与侵害国因自发启动的传统自助行为引发进一步的矛盾和冲突且不断升级。

第四节 国际强行法适用的效力范围

国际强行法适用的效力范围，及于人类所建立的整个国际社会上的所有国家。

在以战争抢夺和武力侵占为主要模式的古代社会，是不存在为国际社会所普遍承认的国际法的，更不用说会出现具有维护整个国际社会权益功能的国际强行法了。而在现代社会，人类逐步认识到战争的残酷，有时甚至

① 如限制使用武力原则、对抗措施的合法性原则等。

是灭绝性的屠杀和对全球资源的重大破坏,直接影响着国际社会乃至全人类的共同利益。所以,人类要长期维持和平与发展的局面不被打破,就需要世界各国都共同关注人类社会的普遍与共同利益。这时一系列的国际机构与国际规则就相应产生。特别是第二次世界大战之后联合国的出现,更是为人类的和平相处作出了贡献,而被称之为"经济联合国"的世界贸易组织(WTO)的成立,[①]也为国际社会国际强行法之所以的功能,成为保护整个国际社会不受侵害的行为准则,以及国际社会经济交往规则的建立和促进世界各国的金融、投资、贸易、服务等方面的合作进一步加强。在这种全球经济一体化的进程中,人类社会的整体利益不应当受到个别国际非法动作或者个别不遵守国际法行为的减损或破坏。这就应当是现代国际社会上国际强行法的功能。国际强行法是国际社会整体接受并承认的维护国际秩序和国际社会共同利益的行为规范。即,对国际强行法规范的接受与承认具有整体性特征要求,这就意味着全体的国际社会成员都毫无例外地全体一致地同意接受国际强行法的管辖与制约,无论是否存在个别或少许国际社会成员不同意接受该国际强行法,都不影响国际强行法对国际社会的成员发生"强行性"效力的效果。也就是说,在国际社会层面,绝大多数的国际社会成员对国际强行法的普遍公认和表示接受就是国际强行法通过和生效的充分要件。为数极少的国家或者个别国际组织无论用何种方式来执意反对某一国际强行规范的强行效力都是无效的,丝毫不影响该国际强行规范对个别国家或者个别国际组织的强行性执行性质。

国际法上强行法的实施,对世界上所有国家都产生强制效力。其强制效力不因其地域、政治、宗教、语言等因素的不同而有所差异,任何国家都不

① 刘光溪.中国加入"经济联合国"与改善国内外政治经济环境的关系问题[J].国际贸易问题,1997(2).

能以其不是公约成员国为由而规避国际强行法规范的约束,[①]这就是现代国际强行法的力量所在。

20世纪30年代,法学家乔治·W. 基顿(George W. Keeton)发现当国家主权与国际法准则相抵触甚至形成对立局面时,如果一国的国家主权受到限制,那么该主权国家可以依照国家自己的意愿,撤回其原来承诺的国际法准则中对其主权进行限制的条款的同意。[②]但在面对现代国际强行法规范时,历史上曾经发生的这种撤回,将不再可行。国际强行法准则不再需要国际社会上各主权国家的同意,就能够对所有国家法主体产生国际法上的有效制约效力,即国际强行法准则是国际法上国家同意权力的例外。

第五节 国际强行法与国家主权

现代国家的主权理论是以民族国家出现和中央集权君主制为基础而诞生的。然而,国家主权的概念内涵与外延随着国际社会形势的巨变也在不断地发生着变化。国际法的实施与国家主权的独立行使,在国际社会始终处于紧张的对立关系。国际法上的强行法标准的出现,对当前国家的"既有主权"理论提出了全新的挑战。

一、国际强行法对国家主权功能的限制

强行法效力的绝对性导致其对现代国家主权功能的发挥形成了限制。国家主权的独立性使得拥有独立主权的国家有同任何外国或国际组织依据其国家的需要或者意思表示缔结条约、协定的权力。然而国际强行法的存在却对现代国家的对外缔约权力进行了绝对性质的限制:即任何包括国家在内的任何国际社会成员,都不能订立与整个国际社会的普遍利益相违背

① 陈海明.国际强行法的基本法理思考[J].太平洋学报,2013(4).

② 卜璐.论国际条约的单方退出[J].环球法律评论,2018(3).

的条约或协定，否则，其订立的条约和协定必将因受到国际社会的集体排斥和反对而归于无效。这实质上国际社会为了维护国际整体秩序，而对作为个体的国家主权的一种直接限制。而且，作出这种限制的价值和必要性，也是为了维护整个国际社会乃至全人类的共同和普遍利益，并且这种限制亦无损于国家主权行为功能的实质性发挥。

二、国际强行法减损了现代国家的自治权

国家自治权是指享有独立主权的国家依据主权理论可以独立自主地处理对内对外事务而不受其他国家或国际组织干预的权力。自现代国际社会国际强行法的概念出现以后，基于国家主权而产生的国家自治权，在自治范围上受到了很大程度的限缩。一方面，国家的对内自治权不再是绝对毫无约束的权力。“种族灭绝”“种族隔离”等对人权严重侵犯的行为被国际社会普遍认定为属于强行法管辖的范畴。[①]另一方面，国家之间的相互行为受到了来自国际强行法规范的约束。[②]1949年6月，联合国国际法委员会通过具体规范，[③]对国家主权及自治权应当受到哪些具体限制作出了专门规定。随着国际形势的不断发展，这些具体规范已经为国际社会广泛认可，成为世界各国普遍接受的强行法准则。

---

① 如，卢旺达的种族大屠杀受到了国际刑事法院的审判，南非的种族隔离被国际社会认定为非法。

②如，禁止使用武力原则作为国际强行法的内容，就是限制国家在自卫与国际组织批准的集体制裁之外出现实施武力的行为。

③ 1949年6月，由联合国国际法委员会通过的《各国权利与义务宣言草案》第14条规定：“国际法以及各国主权应服从国际法的原则处理与他国之间的关系。”

第四章 国际私法上的强制性规则理论

如何进行法律适用是国际私法上关于法律调整方面的核心问题,而强制性规则又是国际私法在调整涉外民商事关系时不可或缺的重要的法律规范之一。如何在尊重国际秩序与遵守国际规范的基础上,在处理涉外民商事案件的纠纷中正确适用本国的强制性规则,究竟国际私法上的强制性规则与一般意义上的强制性规则有什么不同,如何进行合理且正当的援引准据法所属国以及第三国的强制性法律规定作为国际冲突法中调整涉外民商事案件的法律依据,则是一个重要且复杂的议题,需要进行深入细致的研究和发掘。

作为调整涉外民商事法律关系的法律部门的冲突规范,在大陆法系习惯于称为“国际私法”(Private International Law),而英美普通法系则更多地称其为“冲突法”(Conflict of Laws)。在此,笔者需要说明一点的是,由于传统国际私法的主要任务和核心内容就是对于冲突法律规范的解决,故而在本书中,当提到传统国际私法概念时,等同于冲突法的法律概念和内涵范畴,而提到国际私法概念时,也基本上是以冲突法为核心的论述。

第一节 西方早期国际私法上强制性规则的产生

虽然从国际私法发展史上来看,强制性规则从理论创立到成熟完善的时间并不长,但国际私法上出现强制性规则的现象却是由来已久。从法律原理来看,先有事实或行为,而后产生对事实进行认定或者对行为进行规范的规则,正符合法律规范不断向前发展的基本规律。

一、萨维尼的“绝对性的强制规范”

萨维尼(Savigny)早在创立“法律关系本座说”时就对强制性规则的概念和适用有过阐述,是最早发现强制性规则强制适用现象的国际私法学者。只是那时受历史时代和条件所限,萨维尼对于强制性规则的价值和适用范围并没有形成深入的认识。

19世纪中叶,萨维尼在其学说和著作中,提及了必须强制适用于本国案件的特殊规则。他最初提出,在各国选择适用法律规范的过程中,的确存在着对抗法律普遍主义[①]的“绝对性的强制规范”观点。对于外国法要采取宽容的态度并允许一定程度上外国法可以在本国适用,但他同时也提出存在一些特殊规则蕴含了本国的重要政策和利益,此时本国受理的涉外案件就必须强制适用这些特殊规则,而不能再适用外国法。[②]但当时萨维尼并不看好这些规则会一直存在并发展成为国际私法上的基本理论,[③]也不认为强制性规则的强制适用现象会一直持续下去。

萨维尼认为,随着各国关系的发展和经济联系的进一步密切,国际关系多元化以后就会产生新的国际关系价值体系,并由此构建出新的国际关系交往准则,到那时这些属于不正常现象的单边规范就会因失去赖以生存的土壤彻底消失。

二、温格勒尔的“特别联系理论”

自萨维尼最初提出对抗法律普遍主义的“绝对性的强制规范”观点之

①何力.从罗马万民法到WTO规则——对法律的普遍主义要素的历史考察[J].复旦学报·社会科学版,2004(4).

② M.Pazdan,Prawo Prywatne Miedzynarodowe,(PWN:4th ed,1996),p.24.

③ 在萨维尼看来,这些特殊规则属于单边主义的不正常现象(甚至被萨维尼称作“单边主义的异端”),终将会随着国际关系多元化的发展而消失。参见F.K.Juenger, Choice of Law and Multistate Justice,(Martinus Nijhoff Publishers,1993), p.81-85.

后，德国学者温格勒尔（Wilhlm Wengler）1941年提出了“特别联系理论”[①]。温格勒尔教授认为，涉外民商事关系的法律冲突问题的解决，不能只看当事人依“意思自治”原则约定的准据法。在必要情形下比如准据法的适用可能会涉及法院地国的公序良俗时，法官应当考虑合同准据法之外与所涉争议是否存在着密切联系——即存在着特别连接点（“特别联系理论”）的禁止性规定。这是传统国际私法上关于强制性规则最早的综合性研究成果，又称之为“特别规则”“特别连结点理论”[②]。20世纪40年代以来，德国学者温格勒尔和兹里格特（Zwrigert）[③]以及荷兰学者温特（Winter）和德勒恩（Delleen）[④]，都对“特别规则”开展了进一步的研究，并得出了准据法以外的法律规范（特别是与案件有密切联系的法律规范）同样具有调整涉外民商事法律关系的价值的结论。

三、弗朗西斯卡基斯的“直接适用的法”和“警察法”理论

强制性规则真正进入学者的视野，并且正式成为国际私法上的一项法

① 学界还有称呼为“合同领域的特别连结点”理论，参见王骞宇．论公法在涉外民商事审判中的适用——以英、美两国法院司法实践为视角[D]. 华东政法大学，2015.

② 特别规则，又称特别联系理论，或特别连结点理论，该理论的创始缘于一个案例，后被德国学者温格勒尔进行总结并上升为强制性规则的适用理论。当时德国的借款人由于德国立法机关于1931年颁布的严格的交易控制规则，而无法偿还其在美国发行的债券，当时借款人在美国法院抗辩的理由是：虽然德国法不是债券的准据法，但由于德国的这一“特别规则”具有强制性，因此应当作为强制性规则来适用。而美国法院则不为所动，坚持认为应当适用债券发行地的法律，因而作出了对德国借款人的不利判决。参见Michael Wojewods，Mandatory Rules in Private International Law，（7 MJ 2，2000），p.186.

③ Cf. F.A. Mann，“Contracts: Effect of Mandatory Rules，” in Harmonization of Private International Law by the EEC，ed. K. Lipstein（University of London，1978），p.31-32.

④ H. M. de Boer，“Forty Years on: the Evolution of Postwar Private International Law in Europe”（Symposium in Celebration of the 40th Anniversary of the Center of Foreign Law and Private International Law，University of Amsterdam，p.6，1990）.

律规范被加以理论研究，是在20世纪50年代以后。

20世纪50年代末，法国学者弗朗西斯卡基斯(Phocion Francescakis)在其文章*La théorie du renvo*中首次提出“直接适用的法”理论，[①]其中阐述了国际私法强制性规则的观点。不过，最初弗朗西斯卡基斯对于国际私法上的强制性规则的表述，使用“直接适用的法”概念只维持使用了很短一段时间，然后弗朗西斯卡基斯就改用了“警察法”的称呼。至此，从“绝对性的强制规范”的表述到“警察法”的表述，国际私法上的强制性规则概念上经历了一系列的嬗变。可以看出，弗朗西斯卡基改用“警察法”这一概念，实际上是转变了原先概念的内涵，应该是他认为“警察法”的表述更能准确表达他的内心本意，更加强调国家法律规范的强制性，而“直接适用的法”所突出的只是直接适用而已，而且直接适用并不意味着一定载有国家强制的属性。

关于国际私法强制性规则，学界有多种不同的表述，但弗朗西斯卡基斯是在法国法院的审判实践中以法国实体法为依据而得出的结论。而且，他的观点是这些法国内法中的实体内容可以排除一般冲突规范的指引而直接适用。因而，他将法国的此类实体规范定义为“直接适用的法”。后来，很多国内外学者对此展开了广泛的研究，而“直接适用的法”也成为国际私法学界应用非常广泛的对于强制性规则(规则)的替代概念。

第二节 国际私法上强制性规则的晚近发展

近代以来，欧洲国际关系的发展进入了多元化时代，多元化则意味着多样性，多样性则需要在法律规范的发展和适用过程中，应当是多种规则并存且平行发展，互相适配和补充，进而促进法律选择方法的发展，而不是各国在强制

① Nicolas Soubeyrand, Super-mandatory Rule: History, Concept , Prospect , Pallas Programe, p.2.

性规则驱使下的各自为政，那样，则必然导致国际社会各国关系的不和谐。

（一）现代福利国家让强制性规则成为国际私法上的一项基本制度

然而，现代福利国家的出现，需要国家对经济的发展进一步实施并加强干预政策，其结果就是这些“单边主义的异端”却并未如萨维尼预料的那样逐渐消失。强制性规则为现代福利国家干预私法发展经济，提供了法律上的重要依据。由此，以单边冲突规则为主的强制性规则在国际司法实践中获得了更多的适用，强制性规则及其适用逐渐发展成为国际私法领域的一项基本制度。

随着强制性规则理论研究不断被重视、挖掘及其价值功能的不断实现，不但丰富了传统国际私法理论体系的内容，促进了传统国际私法的理论发展与功能革新，也拓宽了当代国际私法体系的框架范围。随着国家干涉主义侵入涉外私法领域，国家要求其特定意志也能不折不扣地直接约束涉外民商事关系。[①]其结果就是，推动了在国际私法领域强制性规则调整的范围日益扩大，并使得强制性规则及其适用理论在学术研究方面和国际司法实践中得到了更多的推广，而其价值也在晚近许多国家的国际私法立法和国际条约中得到了更多的体现。[②]

（二）《罗马公约》将第三国强制性规则纳入了冲突规范多边选法体系

在法律选择适用上，国际私法对位于公法与私法重合部分的理论探索推动了强制性规则制度的发展。特别是人类社会进入20世纪以后，迎来各国以国际私法法典化为主要形式的立法实践。国际私法进入了立法改进与

①张文晋．国际私法强制性规定研究[J].长春工程学院学报（社会科学版），2012(03).

②这对以意思自治为指导思想、以任意性规范为基本范畴和依据冲突规范来指引适用法律的传统国际私法提出了全面的挑战，促使刚性化、实体化成为晚近国际私法规范发展的重要趋势。

立法成熟的时期。①

20世纪60年代以来,随着司法实践的发展,国内立法和国际公约逐步肯定强制性规则的存在。②《罗马公约》对强制性规则理论最大的贡献在于,第7条第1款突破了传统强制性规则的渊源只来源于法院地国和准据法所属国的限制,而将与涉外案件有密切联系的第三国的强制性规则也纳入了国际私法的冲突规范多边选法体系。③可见《罗马公约》对强制性规则理论体系的发展具有里程碑意义,推进了现代国际私法上强制性规则及其适用理论的进一步丰富和完善。④

(三)国际私法上强制性规则理论不断丰富和完善

国际私法只有通过不断完善强制性规定及其适用理论,改进其适用方式,降低其适用条件并拓展其适用范围,才能不断进入涉外民事案件当事人和法官的视野,使其在选法用法过程中关注并重视强制性规则的适用,以具体且更加公平公正的国际司法实践,推进国际民商事关系的进展,融洽国际社会上各国以及国际组织等国际法主体以更加积极奋进的姿态参与到全球治理和国际法治体系建设中去,进而也会推进实现国际私法的功能革新和价值改变——成为推进构建国际民商新秩序的有力工具,这也必将为我国

① 王立武.国际私法强制性规则适用制度的发展趋势[J].政法论坛,2012(01).

②如,1969年《比、荷、卢关于国际私法统一法的条约》、1978年海牙《代理法律适用公约》、1985年海牙《关于信托的法律适用及其承认的公约》、1985年海牙《关于信托的法律适用及其承认的公约》,以及2000年海牙《关于未成年人国际保护的公约》均试图宣扬如下主张:准据法以外的"重要条款"也是可以适用的,前提是该条款涉及的法律关系与案件存在着实质性的关联。

③《罗马公约》生效时,欧洲联盟各成员国国内立法只有少数国家承认第三国强制性规则,而在条约签署时,却只有小部分成员国对第三国强制性规则保留。

④《罗马公约》制定前后也出现了许多包含强制性规则的国内立法与判例以及国际立法,如《合同义务法律适用的条例(593/2008)》.

建设涉外法律体系的构想和设计作出积极的贡献。

强制性规则适用制度是国际强行法单边冲突规范适用制度的延伸，是国际私法理论体系走向成熟必然要包含的一项制度，时下已经成为解决涉外民商事关系中法律具体适用问题所离不开的特殊法律规范。

自国际私法强制性规则理论提出以来，许多学者根据自己的理解进行研究和解释，形成了许多对国际私法强制性规则及其适用的不同的理论学说。弗朗西斯卡基斯认为，在国际民商事交往中，国家对经济进行调节和干预行使国家职能的具体体现是为了更好地保护国家和社会公共利益。由此，由国家制定的具有较高法律位阶并被用来强制干预涉外民商事交往活动的强制性规则也就产生了。并且，各国基于自己的国家利益和社会公共政策，对自己制定的强制性规则逐步加以完善，逐渐形成了不同国家各具特色的国际私法上的法律规范。[①]

亨利·巴迪福和保罗·拉加德则把研究的重点放在了强制性规则的概念方面。他认为在许多问题的处理上都应当是社会利益优先，而且法院地国制定法律规范，应当根据自身情况同时制定出解决相应问题的方案。[②]

（四）国际私法上强制性规则概念的重新界定

我国的韩德培教授则认为，强制性法律规则应当在涉外民商事案件中发挥出重要作用。无论根据冲突规范该国法律能否适用于涉外民商事案件，也都需要制定出强制性规定条款。[③]

国际私法强制性规则以及适用，已经在全世界司法实践中得到了认可

①肖永平，胡永庆．论“直接适用的法”[J]．法制与社会发展，1997(05)．

②由此，他们认为对强制性规则的评价应当建立在对所在国的法律规范进行研究的基础上。参见亨利•巴迪福，保罗•拉加德．国际私法总论[M]，陈洪武，等译．中国对外翻译出版公司，1989:350.

③韩德培．国际私法的晚近发展趋势[M]．高等教育出版社，1988:14-15.

和印证。然而对于外国法特别是第三国强制性规则的认可和适用,在目前的司法实践中还处在尝试阶段,尚未被包括我们国家在内的立法所认可。但随着国际私法上强制性规则理论的深入研究以及最密切原则与第三国强制规范的进一步结合,第三国强制性规则在各国司法实践中的适用和推广,也必然只是个时间上的问题。

本书对于国际私法上强制性规则的概念得出如下结论:国际私法上的强制性规则的范围,包括(1)各国国内法上涉外民商事法律冲突规范中的强制性规则;(2)国际法上关于规范商主体行为的强行性规范;(3)由部分国家或者国际组织制定并承诺遵守的国际统一实体规范。对于(2)和(3)部分属于实体规定内容,可以直接适用,而对于(1)部分,各国国内法上涉外民商事法律冲突规范中的强制性规定的适用规则是指,一国在处理调整涉外民商事关系的法律适用问题时,为维护本国重大的国家利益或社会公共利益而不得不排除当事人依意思自治选择的外国准据法或者冲突规范指引的外国准据法,转而适用法院地国强制性规定的法律规则。如果适用当事人依意思自治选择的外国准据法或者经冲突规范指引的外国准据法后,会产生损害或影响国家利益或社会公共利益的后果,因而强制性适用与本案有密切联系的第三国法律上强制性规则的法律规则。

第三节 国际私法上强制性规则的功能

国际私法上的强制性规则,其实是有着实施国家政策——体现为维护国家主权和维护社会公共利益的功能的。从这一点上来看,国际私法上的强制性规则,在各国的立法设计上,其实愈来愈偏重功能化和实体化。[①]国

①王立武.国际私法的强制性规则适用制度研究[M].中国人民大学出版社,2015:1.

际私法上强制性规则及其适用理论，是国际私法研究领域内一个较新的理论，亦是国际私法在处理涉外民商事关系法律适用上比较新的法律规范，其重视对国家重大利益和社会公共利益的保护。①

国际私法上的强制性规则发展到当代，已经具有了很强的功能主义特征，特别是在维护本国重大国家利益和社会公共利益方面。然则，这种维护如果站在国际私法层面来看，在其发挥维护国家政治利益和经济利益，以加强国家政策的对外推行和对内施行的功能发挥，又不仅仅是被动的。虽然法院受理案件是被动的，但是对于强制性规则的选择和实施，却是一国通过其国家政策的对外推行来彰显国家主权实现的。而国家政策的对内施行，则主要是为了社会的公共利益不被侵害、公序良俗不被破坏。这是已经得到当代国际社会上各国普遍认可的、通过适用强制性规则可以实现的两项主要功能。

一、彰显国家主权的法律重器

在涉外民商事交往中，虽然主要以私主体的方式进行，实现的也是私主体的利益，但是所有私主体的经济利益之和，必然也会构成对国家政治利益的影响。②国际私法具有维护其本国政治利益的功能，维护其本国政治利益，往往是通过彰显国家主权的方式实现的。

由于在涉外民商事交往中，随着国际合作与经济分工的发展，全球经济一体化和市场经济全球化的竞争机制在世界范围内逐步加剧。各国的当事人总是尽力地争取市场利益最大化，于是，各国政府也总是尽量地为本国的市场主体提供有利于其涉外交往的条件，制造有利于本国当事人解决民事纠纷的法治环境，营造有利于推进本国经济发展的商业氛围。因为一国国

---

① 张方华.国家治理与公共利益的达成[J].中共福建省委党校学报，2019(5).

②王立武.国际私法的强制性规则适用制度研究[M].中国人民大学出版社，2015:26.

民当事人的涉外交往最终必然会成为国内社会公共利益的组成部分,[①]进而也影响着一国主权在国际社会上的威望。主权者在通过立法或司法途径解决法律冲突时,总是努力选择对自己有利的实体规范,而减少或排除外国实体规范的适用。[②]这虽然是一种"主权优位"理论,在早期的国际私法实践和国际民商事交往活动中,却被证明是实实在在发生的事实。然而,由于在这种理论支配下,外国法与内国法在法律适用上法律地位不平等,"内外有别",内国法往往基于属地原则优先于外国法的适用,大大地制约了各主权国家在推进民商事业务领域的经济文化交往和法律合作。[③]并且,由于这些涉及境外民商事业务的国家,在立法和司法实践中过分强调自己的主权和国家利益,[④]使得国际民商事活动中的法律冲突更加激烈,并进一步复杂化,更加不好处理。

在涉外民商事关系交往过程中,虽然主要是民间私主体的商事交易,但是一旦出现法律适用方面的问题,最终还是会以某种方式折射到国家主权层面的博弈上去。因为法律的制定与适用,一旦具有了涉外因素,就必然会对参加商事交易的国家产生方方面面的影响,如是否包括进出口交易税方面的强制性规则、商品是否涉及倾销等,不仅会影响交易方的经济效益,也会影响社会公共利益和国家利益,甚至会被认为对一国的经济主权也形成了一定程度的挑战,这必然就会招致经济主权被侵犯的国家出台相关政策或者通过制定相关的法律(甚至是以单边冲突规范为主要内容的一系列强

① 王立武.国际私法的强制性规则适用制度研究[M].中国人民大学出版社,2015:26.

②何其生,许威.浅析我国涉外民事法律适用中"回家去的趋势"[J].武汉大学学报(哲学社会科学版).2011(02).

③李双元.走向21世纪的国际私法[M],法律出版社,1999:48.

④徐伟功美国法律适用中"回家去的趋势"及我国法律适用中的法院地法倾向[J],河南财经政法大学学报.2013(05).

制性规则),对涉外民商事业务活动进行干预和限制,进而彰显出本国的经济主权。

美国在特朗普任总统时期,开启了中美贸易战以及相关的谈判,就体现出中美两国双方都在彰显自己主权的特征。只不过两国的意识形态不同,经济体制和国家性质都不相同,双方在很多体现根本利益的方面很难达成一致。作为社会主义大国的中国,为了中美两个大国在构筑全球经济体系和推进世界经济的和谐有序发展方面,做了不少让步,甚至废止了改革开放初期招商引资方面体现单边规范的三个法律文件,[①]重新立法,用《中华人民共和国外商投资法》代之。[②]然而,在出于维护各自国家的主权方面,却在很多方面难以达成一致,特别是在社会主义国家的政治立场、经济主权、意识形态,以及人民的根本利益方面,中国也没有办法作出让步,不能在维护社会主义国家的根本制度方面突破底线。

现代国家主权的出现,导致国家之间立法权力的划分。然而这种划分使得不同国家之间在具体的民商事活动中,只按照自己国家的法律进行司法适用,哪怕当事双方都是与本国毫无关系的国外主体。这样一来,在国际关系中就出现了一种奇怪的现象,即因立法权力的划分导致两个当事方在他国发生民商事纠纷进而选择法律时,却无法适用本国的法律。在这种情况下,研究如何在尊重本国主权的基础上让当事人选择适用自己国家的法律(虽然当事人双方的行为没有发生在本国,而是发生在另外一个国家),就成为必要。

从任何一个国家国际私法的制定到适用来看,都会体现国家主权原则。

①《中华人民共和国中外合资经营企业法》《中华人民共和国中外合作经营企业法》《中华人民共和国外商独资经营企业法》,已于2020年1月1日起废止。

②2019年3月15日第十三届全国人民代表大会第二次会议通过,2020年1月1日起施行。

由于现代国家相互之间主权平等,各自享有独立的司法主权,因此对于法律的适用问题,只能由各国自行通过法律制定来处理解决。国家主权原则是国际关系发展到近代的产物。国家无论大小,贫穷还是富裕,强盛还是衰弱,都应该坚持尊重其他国家主权的原则。虽然国家主权在国际私法关系中受到种种限制,但也不可否认国际私法尤其是强制性规则在发挥和彰显国家主权功能方面的作用。

荷兰的法则区别学家巴根多斯(Burgundus)将国家主权概念引入国际私法中,并把外国法的适用与否与国家利益结合在一起。他认为每一个独立主权国家都有排除任何外国法适用的权力。国家为了推动本国与其他国家的经济与文化交流,繁荣本国商业市场,在外国法与本国主权和国家利益不相悖时,基于国家礼让的原则,会在某种程度上承认并接受外国法的域外效力。[①]根据《国际法原则宣言》,在国家主权原则下各国法律地位一律平等。因而对于一个主权国家来说,是没有义务去主动适用其他国家的法律规定的。这一理论由荷兰国际私法学者优利克·胡伯(Ulicus Huber)发扬光大,形成了著名的"国际礼让说"。

从前面章节的分析论证可以看出,强制性规则及其适用的发生、发展,与其上位概念国际私法的发生、发展一样,都有着特别深厚的历史渊源,并且随着国家政治、经济的发展也在不断发展,其概念内涵与外延不断被时代赋予新的内容。同时,其也以自身不断革新的价值功能,来完成国际社会各个不同历史阶段的使命,对于国际民商新秩序和各国经济关系的处理,愈来愈发挥着重要的作用。

在国际私法适用过程的各个环节中,都离不开坚持国家主权这一基本

---

①韩德培.国际私法新论[M].武汉大学出版社,1997:59.

原则,因为如果没有国家主权发挥贯穿于立法和司法活动的过程始终,并且监督司法案件的审理过程,国际私法功能就难以实现。而反过来,国际私法法律规范特别是能够彰显一国主权的强制性规则,能够在一国法院成功、准确和顺利适用,也会大大彰显该国的国家主权在国际社会的地位,[①]提升该国的国际社会话语权和影响力。

首先,任何国家都有权以国内立法或参加国际立法的方式,规定自己对某一类型的涉外民事案件具有强制管辖权以及该案件应由国内哪一级法院进行管辖的权力。[②]一国司法活动在国际社会的活跃程度,则会让其他国家对该国刮目相看,特别是对于涉外案件中强制性规则乃至为了维护第三国的特殊国家利益或社会公共秩序而准确适用其相关的强制性法律规范,必然会提升该国在国际社会的法语权,彰显出该国卓越的处理国际关系的能力,引发世界各国对该国国家主权的尊重。如果一国在司法方面处理不好,甚至在涉外案件的管辖与审理方面都不能自主或者没有能力自主完成,那么该国的国家主权就难以得到各国的尊重,其国际地位在国际社会也肯定不会高。

其次,在外国人的民事法律地位问题上,现代世界各国基本已普遍实行了国民待遇原则。[③]各国大都在其国内的民事法律规范中规定了外国人与其国内公民同等的民事法律地位,但有时一国亦可能会基于其国内的现实条件以及对外政策关系的客观需要,在某些方面对于某些外国人的民事法律地位作出一定程度上的限制,但这种限制也必须以被国际法允许的方式

①刘亚丁,王宁.国际私法中的国家主权[J],中国煤炭经济学院学报.2002(03).

②方芳,芦东梅.论国家主权在国际私法领域中的新发展[J],山东警察学院学报.2005(05).

③ 最初,国民待遇原则只有签订了有关国际条约的成员国才享有,现在已经成为具有普遍性意义上的国际习惯法。

进行,即必须建立在国际公允的原则基础之上,符合国际法基本原则和互相尊重主权的原则。如果两国之间存在国际条约,那么这种限制还应该符合其所参与的国际条约的规定。在国际司法实践过程中,当一国对其他国家国民在国际私法的适用方面采取歧视性待遇时,该受害国同样可以以国际私法上法律规范的适用作为屏障,比如在国际私法案件的审理、强制性规则的域外适用以及第三国强制性规则的援引方面等对加害国采取对等的措施进行报复性反击,以达到维护本国的国民利益不受外来侵犯的目的,同时也彰显本国的国家主权。而且,许多国际条约也对受害国享有采取对等措施进行报复的权利作出了相应的规定。①

再次,各国在通过立法活动规定强制性规则的法律适用时,尽管采取了一定程度上的"国际礼让"原则,但"国际礼让"是相互的,必须是在坚持国家主权原则基础上的"国际礼让"。而且,"国际礼让"行为在很大程度上恰恰更加地彰显了一国的国家主权。因为没有国家主权的国家,或者国际话语权地位不高的国家,在国际社会如果缺乏话语权,也就不会有"国际礼让"的机会。

法律适用是国际私法的核心任务。在涉外案件的司法审理过程中,尽管一国法院有依司法主权原则,按照自己国家关于冲突规则选择适用外国法的权力,他国无权干涉。但是对于涉外民事关系的审理和强制性规则的适用正确与否(甚至对所有发生在国内或者由国内受理法院审理的涉外案件,都无一例外的适用其内国法),其司法做法是否能够得到国际社会的普遍认可和尊重,直接会影响该国司法的国际形象,当然同时也会慢慢影响该

①《布斯塔曼特法典》第1条规定:"各缔约国因为公共秩序的缘由,可以拒绝其他缔约国国民行使某项权利,或限定其在特定条件下才能行使。其他缔约国在此情况下亦可以拒绝该国国民行使此项权利,或限定其在某特定条件下行使。"

国主权在国际社会上作用的发挥，影响到其他国家对于该受理法院所在地国家的法律是否公允提出质疑，还会影响该判决(或仲裁)后的法律结果的实现问题(如，是否能够得到其他国家的承认与代为执行)，在“外交无小事”的原则面前，涉外案件法律适用，特别是强制性规则的国际适用，对于国际主权的影响，也必须受到重视。

最后，对于外国法院的判决和外国的仲裁裁决，一国可以通过立法规定承认和执行的条件而不容其他国家的干涉。该功能同样也属于通过国际私法上强制性规则及其适用来限制外国法院判决承认与执行问题在维护国家主权方面的体现。对于依据国际私法规范在一国审理的案件，基于国家主权原则，任何国家都不能强迫其他国家承认或执行该国法院的判决或裁决的结果——现代国际社会解决的办法只能是通过国际协作和司法互助方式。另外，在国际民商事交易活动中，当国家以国际民商事法律关系主体的身份成为当事人时，基于国家这一特殊身份，国家主权原则仍然会在其扮演的角色过程中发挥着特别重要的作用。作为国际民商事法律关系的主体，在民商事交易活动中，双方的市场地位和民事权利都是平等的，平等互利原则应该占第一位。只有当国家以市场平等主体的方式参与交易，才能保障国际市场交易秩序的稳定和交易活动顺利进行。

二、保障国家利益的重要方式

(一)关于“国家利益”的内涵释义

“利益”一词源于拉丁语，意为“与人或事有关的、有影响的、重要的”事物。而在汉语里“利益”的词面通用意思，往往被大多数人理解为就是“好处”[①]。这是一个具有高度概括和涵盖的词汇释义，可以应用于很多情况，如

①例如，讲个人利益，就是对个人有好处；讲民族利益，就是对民族有好处；讲国家利益，就是对国家有好处。

民族利益、经济利益、政治利益、社会公共利益等。从一般意义上讲,依照前面的说法,提到国家利益,就是指对国家有好处的事;从专业意义讲,那就是指满足或能够满足国家以生存和发展为基础的各方面需要并且对国家在整体上具有好处的事物。①

国家利益的概念是在欧洲最早的民族国家形成之后才出现的。②国家以国家利益作为核心,对内对外发布政策或政令,并影响本国对外国际关系的形成与发展。而一国对外国际关系发展的好坏又会反过来影响国家利益的实现程度及实现与否。在国际法体系中,国家的存在起着维护国家安全完整、促进经济发展和社会繁荣、提升本国国际地位和国际话语权等重要国家利益的作用。③

(二)私法公法化是维护国家利益的重要途径

一般说来,国际法解决的是国与国之间的政治性问题,解决的方式一般都是通过国际组织或国际条约来解决。而对于国际私法来说,则主要解决各个国家和地区即不同法域之间发生民商事纠纷时的法律冲突与适用问题。可以说,研究冲突法是传统国际私法研究的主要核心问题。研究的目的就是在国际私法领域即不同国家、不同地区、不同法域的不同市场主体、不同财产主体和不同身份主体之间遇到法律适用冲突时,能够解决这些不同主体之间适用哪国(哪些、哪部)法律时的冲突问题。

解决法律冲突的方法,一般情况下分为两种:一种方法是,依据私法“意思自治”原则由当事人事先或事后协商来选择涉外民事关系中适用的法律;另一种情形就是当事人事先没有约定、事后又无法达成一致,由法院依据本

①高伟凯.国家利益:概念的界定及其解读[J].世界界经济与政治论坛,2009(01).

②丁春燕,李正华;受胁迫民事行为的认定[J],仲裁研究,2011(02).

③宋伟.大国的整体国家利益:一种理论分析[J].现代国际关系,2017(03).

国的法律适用法规定，寻找连结点，结合合同履行的特点以及最密切联系原则等，通过冲突规范准则来确定适用的准据法。

随着国际组织、国际关系和世界经济一体化的不断发展，国家对经济、文化和社会生活加强了干预，原来私法领域的一些问题不断被国家以维护国家主权、国家利益或社会公共利益为由进行干预，甚至以立法的方式作出强制性的必须做或者不得做（禁止做）的规定。这时，作为私法领域的涉外民事关系在法律适用过程中，就出现了一些涉及国家主权、国家利益或者可能会损害社会公共利益的涉外案件所适用的法律（无论是当事人依意思自治原则约定的法律，还是依据冲突规范确定的准据法）均被排除的情况。由此可以看出，涉外案件法律选择与适用的过程，实际上也可能会隐含着国家权力介入私法领域，处理私法主体所涉及的权益的行为。

依据罗马法学家乌比尔安的观点，一国国内公法与私法的划分标准是根据其保护或者调整利益的对象。以此作为标准，凡保护国家利益的就是公法，而保护或调整私人利益的就是私法。这样看来国际私法也仍然是私法范畴，只不过该调整行为涉及的是外国人以及外国法律主体地位的解决问题。但是涉外民事关系的性质不变，仍然还是私主体，依照乌比尔安的观点及传统私法理论，仍然应当遵循当事人的“意思自治”原则适用他们按约定选择的私法规范来解决，时下却变成了通过公法介入的方式来处理，而全然不顾当事人是否同意。这表明，随着经济社会的不断发展以及规范社会秩序的需要，私法与公法有相互转化的趋势，“私法公法化”在一定程度上成为时代维护国家利益和社会公共利益的重要途径。[①]

今后出于维护国家利益和人类社会共同利益的目的，国际社会将面临

① 孙建.法律适用中的国家利益[J].政法论坛，2011(06).

更多压力，需要各国共同努力并遵守国际社会共同制定的行为准则，以限制国内和涉外民商事关系中的自由放任行为。当前一些被忽视的国内社会公共利益问题、国家利益问题，以及国际社会共同关注的环境严重污染等问题都已暴露在人类的面前。在这样的历史局面下，可能还会出现更多私法公法化的现象，用以解决单凭私法力量无法处理的问题。①

三、维护社会公共利益的主要途径

从社会发展的进程来看，经济基础作为上层建筑发展的重要依托，私法自治的价值理念始终需要在国家政治和公法框架下运行，成为一条基本的必然规律。有学者认为，在经济高度发展甚至极度膨胀的时代，法律作为体现国家意识和维护社会公共利益的重要手段，更应发挥出维护国家及社会公共利益的积极功能。特别是在国际民商事交往中，在因市场发育不良而出现弱者利益受到侵犯或者不公平对待的情形下，国家就需要制定强制性规则来保证社会公共价值获得公平的分配，②从而以制定强制性规则作为基本手段，来限制市场交易过程中出现的一些可能会损及公共利益或者弱者权益的行为。这些强制性规则甚至可能会延伸到生产、消费、交换和分配的各个环节。例如，在劳动用工领域限制使用童工（除了以培训教育为目的的用工）、限制劳动时间（每周不得超过44小时），在消费领域权益保护向消费者倾斜、民事关系不得破坏绿色生态③等。在我国2012年最高人民法院颁布的《司法解释（一）》所明确的在涉外民商

① 金自宁.公法/私法二元区分的反思[M].北京大学出版社，2007:62.

② 刘仁山."直接适用的法"之理论与实践问题——兼评中国〈涉外民事关系法律适用法〉第四条[J].中国国际法年刊，2011(1).

③ 绿色条款本来是指多边贸易体制下各类协议中的环境保护条款，旨在通过绿色条款对自由贸易中破坏环境的行为予以限制，即自由贸易不得破坏环境。我国《民法典》第9条规定："民事主体从事民事活动，应当有利于节约资源、保护生态环境。"

事案件中适用强制性规则的前提条件就是出现涉及影响我国社会公共利益的案件。①

大量的立法例说明,在维护社会公共利益方面,国家制定的强制性适用的法律条文,大多涉及弱者权益保护(如我国在涉外劳动关系纠纷法律适用中对于劳动者权益的保护),社会公共利益容易受到侵害的领域。这些领域同时也是在市场发育和对外经济交往过程中,容易产生社会不稳定因素的关键领域,故而也属于国家在制定涉外民事关系强制性法律规范时,需要进行重点保护的领域。②

国际私法上的强制性规则,还有着维护社会公共利益的功能。国家出于为了维护社会容易受到不公平对待的弱势群体利益以及确保维护社会整体稳定的需要,制定出具有强制性适用效力的国内实体法律规范来规范社会秩序和公共利益,这也成为国际私法上强制性规则适用制度在选择法律适用时,必须要发挥好的一项重要职能。

可以说,强制性规则是在尊重和维护私法自治的基础上对权利行使进行必要的国家限制,以达到实现彰显国家主权、维护国家利益,以及维护国内社会公共利益和公序良俗的目的。

---

① 2012年最高人民法院颁布的《最高人民法院关于适用〈中华人民共和国涉外民事关系法律适用法〉若干问题的解释(一)》第10条规定:"有下列情形之一,涉及中华人民共和国社会公共利益、当事人不能通过约定排除适用、无需通过冲突规范指引而直接适用于涉外民事关系的法律、行政法规的规定,人民法院应当认定为涉外民事关系法律适用法第4条规定的强制性规则:(一)涉及劳动者权益保护的;(二)涉及食品或公共卫生安全的;(三)涉及环境安全的;(四)涉及外汇管制等金融安全的;(五)涉及反垄断、反倾销的;(六)应当认定为强制性规则的其他情形。"

② 田晓云.国际私法中"直接适用的法"探析[M].国际私法论丛——理论前沿、立法探讨与司法实践.高等教育出版社,2005:79-80.

第四节 冲突规范上强制性规则的适用理论

国际私法上的强制性规则,是国家干预私法意思自治、排除当事人事先选择(或者依法律冲突规范由法院选择)的直接体现。然则,在近现代国际社会国与国之间政治关系愈来愈密切、经济之间的相互关系亦越来越相互依赖的环境下,国家作出强制性的干预行为,必须是其认为主权受到了挑战、其国家利益或社会公共利益受到了影响而致。从实质层面来说,国家通过发布强制性规则来干预涉外民事领域法律关系的适用,更多地体现出国家通过法律维护其国内政策需求(因为法律与政策相比具有天然的强制实施属性,很多时候政策需要通过法律来推行)或者维护社会公共利益的需要。

当然,在国际社会经济、文化交流中,特别是在涉外民事领域,从事经济活动的当事人可能选择适用准据法或者依照冲突规范选择第三国法律,如果法院地国法院依此审理判决,则有可能影响法院地国家政策的实行——包括国内政策的实行以及国际政策的推行,这肯定是法院地国家所不愿意看到的。所以,在国际私法层面上,国家要通过制定强制性规则,对涉外民事领域的交往活动在法律选择与适用上进行限制和干预,将涉外民事自由交往中可能会涉及的影响一国国家利益和社会公共利益的自治和自由行为限制在一定范围之内。当然,这样一来,就牵涉到在国际私法上,国家在支持和融入全球经济合作、推进全球经济一体化的进程中,如何在制度设计上设定强制性规则的范围问题。当今世界意思自治原则已经成为一项基本市场交易原则的情况,如何做到让国家在法律层面用强制性规则来限制意思自治的范围与市场交流自由相统一。

一、冲突规范上强制性规则的域内适用

国际私法上强制性规则的域内适用,亦即该强制性规则在法院地国的

适用。据笔者整理,需要满足如下条件,该强制性规则才可以用于调整法院地国(域内)的涉外民事法律关系,并发生强制性效力。

(一)被调整的法律关系必须具有涉外因素

“涉外因素”,源起于国际私法研究领域。英国著名法学家戴西(Dicey)在其与莫里斯(Morris)教授编纂的《冲突法》(Conflict of Law)一书中将涉外因素定义为“与英国法以外法律体系的联系”。他认为涉外因素的确立,首要目的在于解决案件是否属于“国际私法案件”,并在此基础上确立管辖机构及裁判规则的适用。可见,识别一个案件或者法律关系是否具有涉外因素,是国际私法上启动选择、适用准据法程序之前,必须首先明确的前置问题。

在我国的司法实践中,对于“涉外因素”的认定是一个逐步完善的过程。我国对涉外民事法律关系中涉外因素的界定,主要见于立法上的相关规定。而我国立法上涉外因素相关规定的演变和发展,以2012年12月最高人民法院颁布的《司法解释(一)》生效实施为界,划分为两个阶段。

1.2012年最高人民法院《司法解释(一)》生效实施之前阶段

2012年12月之前,我国法院主要依据1988年《最高人民法院关于<民法通则>若干问题的意见》(以下简称《民通意见》)等法律规范中的“法律关系三要素说”来审查案件的主体、标的物或案涉法律关系的形成、变更和消灭来确定案件是否存在涉外因素。即民事关系的主体,客体,以及产生、变更或消灭的事实三方面中如果有一个方面存在涉外因素,就可以认定该法律关系属于涉外民事法律关系。该规定主要体现在《民通意见》第178条[1]以及

① 参见1988年《最高人民法院关于<民法通则>若干问题的意见》第178条:“凡民事关系的一方或者双方当事人是外国人、无国籍人、外国法人的;民事关系的标的物在外国领域内的;产生、变更或者消灭民事权利义务关系的法律事实发生在外国的,均为涉外民事关系。”

1992年发布的最高人民法院《关于适用〈中华人民共和国民事诉讼法〉若干问题的意见》第304条[①]。这种使用完全列举来认定涉外因素的方法，固然实践层面上的操作性很强，但却具有适用上僵硬化、机械化的弊端。尤其随着我国涉外民事关系变得越来越复杂，简单僵硬的“法律关系三要素说”已经无法涵盖现实中涉外民事关系的所有情形，从而引发了司法实践中的一系列表面无涉外关系但却隐含涉外因素的案件，陷入无法适用涉外因素进行司法处理的局面。其中一个典型案例就是“世界银行贷款建设高速公路案”。[②]由于该案中的主体是中国法人，涉案公路位于中国，投标、招标和发生经济纠纷的法律事实也都发生在中国，因此以当时“法律关系三要素说”作为判定是否具有涉外因素的标准，此案没有被认定为涉外案件。然而，此案中虽然上述三要素没有涉外，却有许多其他因素涉外。

2.2012年最高人民法院《司法解释(一)》生效实施之后阶段

2012年12月最高人民法院颁布的《司法解释(一)》规定，新增了兜底式条款“可以认定为涉外民事关系的其他情形”，即在涉外性的认定上赋予法

① 1992年发布的最高人民法院《关于适用〈中华人民共和国民事诉讼法〉若干问题的意见》第304条规定:“当事人一方或双方是外国人、无国籍人、外国企业或组织、或者当事人之间民事法律关系的设立、变更、终止的法律事实发生在外国，或者诉讼标的物在外国的民事案件，为涉外民事案件。”

② 在此案中，世界银行发放给中国政府一笔贷款用于在某地建设高速公路。该地成立了高速公路指挥部，工程项目采取国际招标方式，几家中国公司中标成为承包人。之后，一中国公司与指挥部发生了经济纠纷，双方根据合同约定，将争议提交中国某涉外仲裁机构进行仲裁。按照“法律关系三要素说”来衡量，该案中的主体是中国法人，涉案公路位于中国，投标、招标和发生经济纠纷的法律事实也发生在中国，因此不应该认定此案为涉外案件。然而，此案中虽然上述三要素没有涉外，却具有诸多其他的涉外因素，例如，该建筑工程合同文件的订立范本是《世界银行贷款项目招标采购文件范本》，工程承包人资格的审查认定、工程项目货物的货源国以及项目的中标都必须符合世界银行的相关规定、经过世界银行的批准，还有合同须以英文版本为准等。参见林欣，李琼英.国际私法[M]，中国人民大学出版社，1998:4-5.

官自由裁量权。2014年12月18日通过的《最高人民法院关于适用<中华人民共和国民事诉讼法>的解释》(法释〔2015〕5号)中的第522条[1]再次明确规定了“可以认定为涉外民事案件的其他情形”的兜底条款。兜底条款的设定,意味着我国从法律规范上肯定了非典型涉外因素属于涉外因素的法律定性。在是否“具有涉外因素”的识别上,通过“宁波新汇案”[2]“上海黄金置地案”[3]与,司法实践中出现了认定“涉外民事关系的其他情形”[4]的情况。

(1)宁波新汇案。在该案中,争议双方宁波新汇公司与美康公司均为国内企业,宁波新汇公司根据与被申请人美康公司间的协议,向美康公司购买原产地外境外之货物,交付方式为上海保税区现货。就仲裁机关适用涉外程序所作出的裁决,被申请人美康公司向北京市第四中级人民法院申请撤销仲裁裁决,其中理由之一即是认为该案无“涉外因素”。依照过往司法实践中以“法律关系三要素”作为判定是否具有涉外因素的标准来看,美康公司向法院申请撤销仲裁裁决申请确实具有法律依据,因为本案当事方、标的物所在地及法律关系产生、变更均发生于我国境内,很难认定本案具有涉外因素。对此北京市第四中级人民法院的做法是,结合案件事实认为合同标的物系保税区内货物,根据海关制度保税区内未清关货物属于未入境货物,本案应适用我国法域外的法律制度,由此认定本案中的法律关系具有“涉外因素”,其实,由于该案发生于2012年最高人民法院《司法解释(一)》生效实

① 随着国内外形势发展需要,后又分别于2020年12月23日,2022年3月22日进行了两次修正。现在使用的是第二次修正的版本,已于2022年4月10日起开始施行。在第二次修订的版本中,该部分条款出现在第520条。

② 参见(2015)四中民(商)特字第00152号。

③ 参见(2013)沪一中民认(外仲)字第2号。

④ 即最高人民法院2012年12月颁布的《司法解释(一)》中兜底条款“(五)可以认定为涉外民事关系的其他情形”。

施之后,属于“可以认定为涉外民事案件的其他情形”的兜底条款的适用。

(2)上海黄金置地案。上海黄金置地有限公司作为业主与承包方西门子国际贸易(上海)有限公司签订《货物供应合同》,约定由西门子向上海黄金置地有限公司提供合同设备,合同相关争议须提交新加坡国际仲裁中心以仲裁方式解决。在该案中,两公司均为在中国大陆注册设立的外商独资企业,属中国法人,双方的注册地均为上海自贸区。

在该案中,上海市第一中级人民法院认为,虽然本案当事人“均为在中国境内注册的公司法人,合同约定的交货地、作为合同标的物的设备目前所在地均在我国境内,该合同表面上看并不具有典型的涉外因素”。但是,案涉合同当前存在与普通国内合同有明显差异的独特性。首先,当事人作为登记注册于自贸区的外商独资企业,公司的资本来源、最终利益归属、公司的经营决策一般均与其境外投资者关联密切,故此类主体与普通内资公司相比具有较为明显的涉外因素。此外,合同标的物的流转过程也具有一定的国际货物买卖特征。本案合同的履行因涉及自贸试验区的特殊海关监管措施的运用,与一般的国内买卖合同纠纷具有较为明显的区别。综上,上海市第一中级人民法院援引《<中华人民共和国涉外民事关系法律适用法>若干问题的解释(一)》第1条第5款规定,认定本案存在“可以认定为涉外民事关系的其他情形”,即具有涉外因素。①

①“上海黄金置地案”的裁判大大拓宽了对于仲裁案件“涉外因素”的认定标准,在司法实践中具有重要的意义。然而,在最高人民法院就本案向上海第一中级人民法院作出的复函中,我们也注意到,最高人民法院就本案的考量在于“本着支持自贸区法治建设可先行先试的精神,综合考虑本案实际情况,同时,结合禁止反言、诚实信用和公平合理等公认的法律原则”。而对于非注册于自贸区企业的同类型案件,“上海黄金置地案”确立的标准能否适用,仍需要司法实践中关于如何适用“可以认定为涉外民事关系的其他情形”这一条款来明确。

可见,如果一个案件要成为国际私法需要进行法律选择确定准据法的案件,那其就必须具有涉外因素。只有该案件在法律关系上具有涉外因素,才可以考虑需要通过国际私法上的多元选法准则确定准据法。如果法律关系中涉及需要用强制性规则来调整的问题,那也只是国内法上强制性规则的适用,并不涉及国际私法上强制性规则的选择与适用问题。而且需要说明的是,依照我国当前的司法实践,如果某种法律关系是纯粹的国内民事关系,不具有任何涉外因素,即便当事双方事先通过合同约定适用本国以外国家的法律,这种约定也不会被法院认定为有效。涉外因素所必需的客观存在是,不能通过当事人的约定产生涉外因素,那样在法律适用实践上就产生出规避国内法律适用之嫌。

(二)排除依"意思自治"原则或冲突规范指引选择的准据法

在调整国际民商事关系中,各国为促进经济的友好往来和方便商主体进行交易,都对民商事关系主体的行为减少了不必要的限制。民商事关系主体可以在不违反相关法律规定的情况下,通过"意思自治"原则选择其所从事的民商事行为出现纠纷时需要适用的法律。但是当事人不能依据"意思自治"原则对法院地国制定的强制性规则的"强制性"适用效力加以排除,反而是当事人选择的准据法的适用会因违反一国的强制性规则而被法院认定为无效,在涉及重大国家利益或社会公共利益的情形下,强制性规则必须优先于意思自治原则进行适用。

国际私法中的强制性规则不仅要求当事人不能依"意思自治"原则任意选择调整其参与法律关系所要适用的法律,而且即便是对法院依冲突规范援引选择的准据法,也要进行审查,看其是否存在违反国家利益或者社会重大公共利益(公序良俗、公共政策)等的地方。如果存在,那么无论是当事人选择的还是法院依据冲突规范援引选择的准据法,都将因违反国家的强制性规则而最终被归于无效。

准据法被归于无效后，该如何适用法律呢？大多数国家一般都会规定强制性适用法院地国的法律。[①]在这种情况下，当事人就会对调整国际私法上有涉外法律关系因素的管辖法院事先进行选择和约定，尽量选择可以实现自己依意思自治原则进行法律选择的法院，甚至直接选择第三方仲裁机构，这样就可以避开法院地国法律中强制性规则的限制，以免导致法院地国的强制性规则给自己从事的民商事活动带来不确定的法律后果。

而在纯粹的国内民商事法律关系中，当事人是必须遵守国内法院的司法管辖制度的，这本就是属于国内公法的强制性规则。即便当事人可以协议约定管辖法院，但这种协议约定也只能在国内法律规定允许的范围内进行约定。比如，在我国，当发生合同纠纷需要选择诉讼法院时，虽然合同当事人可以事先约定或者事后达成一致协议确定解决纠纷的管辖法院，但是只能从《中华人民共和国民事诉讼法》（以下简称《民事诉讼法》）所规定的五个地方的法院中进行选择，并且还要遵守法律对于专属管辖和级别管辖的规定。[②]当然，国内法上的当事人也可以通过约定来选择仲裁机构和准据法来调整其所从事的不具有涉外因素的境内民商事活动。但是，对于国内发生的不具有涉外因素的民商事案件，一般只能选择境内的仲裁机构对案件进行处理。即便是具有涉外因素的案件，也只能是发生在经济贸易、运输、

① 如我国2010年《涉外民事关系法律适用法》及2012年最高人民法院《司法解释（一）》中的相关规定。

② 即只能从被告住所地、合同履行地、合同签订地、原告住所地、标的物所在地的人民法院中进行选择。参见2021年12月修订的《民事诉讼法》第35条："合同或者其他财产权益纠纷的当事人可以书面协议选择被告住所地、合同履行地、合同签订地、原告住所地、标的物所在地等与争议有实际联系的地点的人民法院管辖，但不得违反本法对级别管辖和专属管辖的规定。"。

海事领域中的纠纷才可以提交我国境外的其他仲裁机构进行仲裁。[①]

(三)需要根据冲突规范的援引后果确定是否具备涉外适用条件

国际私法上强制性规则的适用过程,同其他非强制性法律规范的适用程序是一样的,即同样必须通过冲突规范的援引才能确定是否具备援引适用的条件。这种“援引”有可能来自法院地国家参加的国际条约,也有可能来自该法院地国家制定的国际私法上的冲突规范或法律适用法。[②]

在理论界有不少观点认为,国际私法上的强制性规则在适用过程中无须通过冲突规范的援引,可以“直接适用”。即审理案件的法官无需查找针对该案件冲突规范的援引规则是如何规定的,而只需根据立法者对具体案件法律明确规定的空间适用范围来考虑某一法律关系是否受该项法律规范的支配就可以了。作为国际私法研究领域的一项常识,传统国际私法的核心,其实就是冲突法规范,在国际统一实体规范出现以前,一直以来解决不同民族国家之间民商事活动中出现的法律适用冲突问题的传统方式,就是“通过冲突规范的指引”来确定需要适用的法律。现在有人提出了“无须通过冲突规范的援引”和“直接适用”这两大认为是国际私法上强制性规则鲜明特征的观点,那这样的法律规范还是不是国际私法(冲突法)上的法律概念呢?是不是在这些观点中,强制适用就等同于直接适用?经过冲突规范的指引后发现与一国国内体现其价值追求的强制性规则相违背,然后进行所谓的“直接适用”的过程,就等同于没有(无须)“通过冲突规范的援引”而“直接适用”的过程?

---

① 根据《民事诉讼法》第257条和《仲裁法》第65条规定,涉外经济贸易、运输、海事中发生的纠纷,当事人可以通过订立合同中的仲裁条款或者事后达成的书面仲裁协议,提交我国仲裁机构或者其他仲裁机构仲裁。

② 黄植蔚.论国际私法中“优先性强制规则”的性质与适用——以〈罗马条例Ⅰ〉第9条为视角[J],东北大学学报(社会科学版),2019(02).

其实，强制性规则是国际私法上的一项重要制度，这是毋庸置疑的，但国际私法上的强制性规则并不等同于国内的实体法规范。国际法上设置强制性规则制度并不是“无须通过冲突规范的援引”而“直接适用”，而恰恰是通过了国际私法上冲突规范的援引，最后指向的结果就是法院地国的强制性规则(或者也有可能是法院地国以外的国家，如当合同履行地和合同缔结地分别属于不同的国家时)的强制性规则的适用问题。[①]下面通过举例来看我国在处理涉外民商事法律关系中强制性规则的适用程序。强制性规则在司法实践中的适用，其实是一个非常复杂的选法用法的过程，并不像立法上的表述那么简单。法院要考量很多因素，需要把涉外案件的性质与准备适用的法律对标对正，以免审理案件最终作出判决时法律依据适用错误。[②]首先，我国法院的审判者要依据2012年最高人民法院的《司法解释(一)》第10条的规定关于应当认定为适用我国法律上强制性规则的案件的性质进行审查。这是我国司法实践中在直接适用我国法律上的强制性规则之前需要完成的第一道程序。其次，法院需要完成的程序性事项是该涉外案件在审理过程中是否会有涉及我国社会公共利益的内容，如果有涉及，那么当事人就不能以“意思自治”原则为由，来协议约定排除维护我国社会公共利益的强制性规则的适用。这时，就必须强制适用我国法律规范上的强制性规则的内容。而如果当事人依约定选择的法律或者依冲突规范选择的准据法没有涉及我国的社会公共利益，那么依当事人的约定或者依冲突规范选择的准据法就是有效的，法院就要依据当事人的约定或者冲突规范的要求进行法

① 黄植蔚.论国际私法中“优先性强制规则”的性质与适用——以〈罗马条例Ⅰ〉第9条为视角[J],东北大学学报(社会科学版),2019(02).

② 即便是这样，然而在涉外司法实践中，出于法官水平或者当时历史条件之影响，在我国20世纪80—90年代的涉外经济纠纷中，还是存在不少将法律规避或者单边冲突规范当作强制性规则做为审判依据的情形出现过。

律选择,适用依当事人约定或者依冲突规范确认的准据法,不能再强制性适用我国法上的强制性规则。可以看出,这也是国际私法上一国对于强制性规则通过冲突规范指引后进行法律选择和适用的过程。与一般情况下依据冲突规范援引选择法律的过程所不同的是,对于非强制性的任意性规范来说,可能只需要进行一次援引,法院就可以确定是否满足案件的适用条件。而对于强制性规则来说,则需要完成两个过程,我们权且称第一个过程属于程序性认定过程,第二个过程属于价值选择过程。第一个过程就是与一般情况下依冲突法规范或者当事人"意思自治"进行法律选择的过程完全一样,然后完成第二个过程,就是要审查依冲突规范或者当事人"意思自治"所选择的法律是否涉及我国社会公共利益,如果依冲突规范或者当事人"意思自治"所选择的法律涉及我国社会公共利益甚至会侵害我国社会公共利益,那么依冲突规范或者当事人"意思自治"所选择的法律就会归于无效。完成上述两个过程之后,法院就会直接适用我国用于调整涉外民事关系法律上的强制性规则。其实,这个时候对于我国强制性规则的适用属于"直接适用"还是"间接适用",学术界不少学者提出否定的意见。在尚未确定应当用哪种术语来表示强制性规则的适用方式("直接"还是"间接"还是)之前,本书中就暂用"强制适用"这种比较中性且安全的表达方式作为强制性规则的适用方式,不再区分是"直接适用"的表达方式正确还是"间接适用"的表达方式正确的问题(尽管笔者内心更加倾向于使用"间接适用"这种表达方式)。这样做的目的是避免笔者本来不成熟的观点造成概念适用上的误区。国际私法学上的研究者大多没有注意到第二个过程,该过程其实是一个价值选择与博弈的过程。因为在当前国内国际形势下,哪些属于涉及我国社会公共利益的情形,在司法层面上尚无明确的界定,但必定与国家的对外政策形势和国内政策环境有着紧密的关系,对于维护国家的对外贸易和国内营商环境建设，都会起着重要的作用，发挥出其他任何一项国内法条款或者国际法条款上无法替代的功能；而第一个过程，就是普通的利用国际私法上冲突规范进行多边选法的过程，没有任何的特别性和价值选择意义。

国际私法上强制性规则的适用，尽管属于国际私法冲突规范多边选法体系的例外，但仍然属于国际私法冲突规范多边选法体系的重要组成部分，因为在最终确定是否该适用某项强制性规则之前，首先需要启动冲突规范多边选法程序进行筛选，以判断和确定最终能否将国际私法上的强制性规则引入案件的适用。如果答案是肯定的，其次才能排除适用依冲突规范多边选法规则选中的法律。最后才能确定适用某项内国实体规范上的强制性规则。这与调整纯国内民商事关系的国内实体规范中的强制性规则相比，存在着根本的区别。国内法上的强制性规则是真正不需要通过冲突规范的指引而“直接适用”的。而国际私法上的强制性规则是否能够适用于某案件，则必须经过冲突规范的指引选择，否则法院就不能强制性适用，当然该案件也就不能引入国际私法理论上的强制性规则条款来结案。只不过，在我国依据冲突规范进行法律选择和适用的情况是两个过程，第一次是程序上的选择，第二次是价值上的选择。如果当事人的选择或者依据冲突规范的选择确定的法律，恰恰与我国在处理涉外民商事关系法律规范上的强制性规则内容重合，那么，上述两个过程就会被合并为一个过程。这时，虽然选择的准据法涉及我国社会的公共利益，但是由于该准据法的内容恰好就是我国法律上强制性规则的内容。所以，该情况下只需要一个过程就完成了强制性规则的适用。

综上，可以看出国内实体法上的强制性规则，直接就能完成调整民商事法律关系的任务，才是真正意义上的“直接适用的法”。国际私法上强制性规则的适用，首先必须通过冲突规范的指引来确定可能需要适用的法律，以及审查是否存在当事人的依“意思自治原则”选择适用的法律，然后再审查如果适用依据法律选择方法（包括依当事人约定和依冲突规范选法规范）确定的准据法是否存在涉及我国公共利益以及《司法解释（一）》中列举的五种需要强制性适用中国法律的情形。这时，就需要查找并强制适用中国法律中的强制性规则。通过上述分析，可以很明显地得出结论，国际私法上强制性规则的适用，并不是“直接适用的法”。

除了援引冲突规范选择准据法，国际私法中还有其他一些影响法律选择和法律适用的因素，如公共秩序保留、外国法的查明、法律规避的效力审查等。[①]

二、冲突规范上强制性规则的域外适用

国内涉外法律规范的域外适用，是指一国赋予其国内涉外法律规范在其主权涵盖以外的区域即域外场所具有法律效力，并对发生在另一国的行为行使域外管辖权进行法律适用的行为。国内涉外法律规范的域外效力，则是指一个国家的法律能够在其管辖领土以外的区域被外国司法机关适用，并发生法律效力的情形。[②]具体到本章所讨论的国际私法上的涉外强制性规则的域外适用效力，则是指一国的内国法所制定的涉外强制性规则，在境外被另一国的司法机关进行适用时所产生的法律适用方面的效力。

（一）国内涉外实体规范上强制性规则域外适用的法理支撑

对于一国的国内立法来讲，由于国内法是由国内的立法机关创设，创设国内法的国家是制定该国内法的主体，那么对于该国家来说，就有着对于其颁布的法律推进实施的任务或者说资格和权力。从法的制定（立法）到法的

① 沈娟．强行性规定适用制度再认识[J]．国际法研究，2020（06）．

② 廖诗评．国内法域外适用及其应对——以美国法域外适用措施为例[J]．环球法律评论，2019（03）．

实施(执法)再到法的适用(司法),从法理学上讲,就是一个主权国家内法的运行轨迹。当然,法的实施与适用的效果状况如何,也能从一程度上反映出该国的法治状况,以及是否达到了先进法治国家的水平。

1.国内涉外强制性规则域外适用的现实合理性

国际私法将国内法,分为公法与私法,认为私法能在不同国家之间相互援引适用。公法却没有此种性质,各国通常不会适用外国的公法,这就是所谓的“公法禁忌”原则。这个原则导致的结果是对涉及公共利益的公法涉外事项,基于属地原则和国家主权的法律属性,只能及于主权所及的地方,这时国家的公法根本无法适用于主权以外的区域。面对各国经济相互依赖愈来愈强,越来越需要确认一国公法的域外可适用性[①]或者确立国际私法部分内容或要件公法化后,通过国际司法协作的方式,将涉及社会公共利益的事项,推动国内法在国外(域外)的适用,以实现对两国都有益、都公允作为国外(域外)适用的前提。

从各国的立法制度角度来审视,在处理涉外民商事案件纠纷时,关于法律如何选择适用的问题之所以会发生冲突,主要是因为各国的立法制度与价值追求各不相同。现实交往中发生的含有涉外因素的民商事关系,由于各国民商事法律规定的内容不同甚至存在各种冲突,在处理具体民商事案件纠纷的法律适用方面就会出现不同甚至迥异的法律后果。另外,一些主权国家为发展对外经济贸易关系而赋予了外国人在内国法上平等的民事法律地位,并且在一定范围内承认所涉外国法可以在本国内发生一定的法律

① 例如,在国际金融监管领域,跨国金融机构在监管宽松的国家注册成立,接受该国较宽松的金融监管,规避监管严格国家的金融监管,但其活动可能对金融监管严格国家产生很大的负面影响,从而影响全球的金融稳定,造成系统性的金融障碍,如果不确立监管严格国家金融法的立法管辖权,对上述行为的追究就会面临很多的现实障碍。

适用效力。这样一来,由于各国民法规定的内容本来互相之间就存在着很大的差异,再加上内国法院在处理涉外民商事纠纷时需要承认并引用外国民法在本国发生域外适用效力,就会不可避免地发生法律适用方面的抵触或者冲突现象。内国法与外国法的域外叠加适用,加之案情本身可能存在的复杂性就很有可能导致出现“同案不同判”、不同法院不同判决结果甚至相互之间还存在着冲突的法律现象。在适用不同法域的法律时如果相互冲突,既影响办案人员的办案效率,更会影响案件实质性的处理结果,最终甚至导致当事人的诉讼权利和实体权益受到严重的损害。法国国际私法学家巴丁(Bartin)认为,法院适用外国法其实是对自己国家主权的自我限制。在处理涉外民商事纠纷的过程中,应于必要时承认外国法的域外效力。[①]对于一个涉外法律关系来说,之所以会发生法律适用方面的冲突,是因为该涉外法律关系成立时所处一个法域,在发生争议时却又到了另外一个法域。令当事人难以想象和始料未及的是,其在甲国成立的法律关系,当发生争议时会在乙国法院被提起诉讼。在管辖法院纯属偶然的情况下,如果一概只适用法院地的内国法,这对一方当事人可能就会不公正、不合理。这样做的结果必然引发一方当事人作出挑选法院的行为。[②]故而可见,处理涉外民商事法律纠纷时,在一定条件下承认外国法的域外效力并对其进行法律适用,不但是现实合理的而且是非常有必要的。

2.国际私法上涉外强制性规则域外适用的法理基础

无论如何,对于一个国家来说,其国内法上的强制性规则的实现,一定是该国主权覆盖下的自决事情。除本国以外的任何其他国家是无权进行干

① Graveson.Conflict of Law·Private International Law[M],1974:46.

② 指利用国际民事管辖权的积极冲突,从众多有管辖权的法院中选择一个最能满足自己诉讼请求的法院去起诉的行为。

涉的。相对于国际法上的强制性规则来说，国内法上的强制性规则在调整纯粹的国内民商事关系时，基于以国家为后盾的法律强大执行能力，基本上是顺理成章的、没有问题的事情。然而，基于国家主权的存在，一国在其内国法上设定的具有涉外因素的强制性规则，其效力和法律后果只能在其主权可以覆盖的效力范围之内实施，对于其主权之外的地域，是无法产生强制性的法律效果的。

基于国家独立司法主权的现实，这就需要国家与国家之间进行国际司法上的协作，才能使一国的内国法被外国法所认可并接受，使国家对其未涵盖的域外能够施行管辖权。而国家对域外管辖权的施行，则是国内法能够在域外进行适用的前提和基础；否则，强制性规则的域外适用就失去了支撑，根本无法发挥出强制性规则的作用。

人类社会进入市场经济全球化历史阶段以后，经济的高速发展导致众多的国际经济实体产生，而且这些国际经济实体都在谋求以各种方式参与全球治理体系，推进全球治理进入有序状态，并为国际经济交往创造出更加稳定的交易环境，进一步促进经济的一体化发展。在这种情况下，时代的发展要求国际私法担当起推进不同国家之间的民商事活动平等互利交往以及构建国际民商新秩序的重要使命，进一步推进以国际社会本位为价值理念的涉外经济活动发展，推动整个人类社会走向和谐发展的未来，向着人类命运共同体迈进。而国际私法上的强制性规则，则不得不承担起国与国之间因经济发展而交互融合的功能，这就需要通过推进国际私法上强制性规则的域外适用来实现。

(二)国际私法上强制性规则的域外适用方式

1.单边主义做法

近年来，美国的单边主义做法引发了国际社会对美国国内法域外适用问题的强烈关注，比较典型的就是其“长臂管辖”的做法——其实，在美国法语境下的国内法域外适用与“长臂管辖”并不完全等同，但在其司法实践中的区别却并不明显。[①]从长远角度来看，构建涉外法律适用体系以推进国内法的域外适用作为主要应对措施，用来反制其他国家滥用国内法域外适用乃至滥用“长臂管辖”行为，是全球治理背景下不得已而为之的推进国际法治的有效自卫手段。

长期以来，国际私法在发展过程中逐步确立了这样一项法则，即只有依冲突规范确定或者由当事人选择的准据法，才可以适用于某一特定涉外民商事法律关系，而其他法律体系的法律规范则不能予以引用。

国际私法中强制性规则域外适用的功能价值，主要通过两种方式来实现。第一种方式是通过排除准据法的方式。即如果一项法律规则被认为具有“强制性”，则在案件审理过程中，法院虽然已经依据冲突规则确立了其他法律规范适用于涉外案件的准据法地位，但是由于该案涉及强制性规则的适用，涉外案件就仍然必须适用该项具有“强制性”适用效力的法律规范。[②]第二种方式是通过排除意思自治的方式来实现。[③]也就是说，强制性规则是不得通过当事人采用“合同规避”的方式排除适用的法律规范。[④]强制性规则产生于合同之外，无论双方如何进行法律选择都必须适用，其设计的目的

① 廖诗评.国内法域外适用及其应对——以美国法域外适用措施为例[J].环球法律评论，2019(03).

②Pierre Mayer，“Mandatory Rules of Law in International Arbitration”，in Arbitration International (1986), p. 274.

③ Hannah L. Buxbaum，“Mandatory Rules in Civil Litigation: Status of the Doctrine Post-Globalization”，in 18 Am. Rev. Int'l Arb. 21, p.24.

④ George A. Bermann，“Introduction to Mandatory Rules of Law in International Arbitration”，in 18 Am. Rev. Int'l Arb. 21, p.3.

是就保护国家的特殊利益和社会公共利益，因而国家不允许合同各方通过约定来排除强制性规则的适用。[①]除非，由于法律规定的模糊性，或者同一法律部门下的不同法律规范之间，因为法律体系自身的不统一而产生了好几项不同的强制性法律规范，而这些不同的强制性法律规范相互之间存在着法律抵触和冲突，这时只能选择与涉外该案件的关系最密切的强制性法律规范来适用。

在民商事案件中，当事人双方往往可以通过意思自治来确立日后发生争议时适用的准据法。但在面临适用强制性规则这样的情形下，就意味着当事人约定的准据法也会因为强制性规则的“强制性”排除而得不到援引适用，即用强制性规则排除与其存在冲突的准据法，不论该准据法是以什么方式确定的，也无需顾及该准据法是什么样的法律位阶。

然而，在国际社会确实存在这样一种情况：即虽然当事人约定适用的法律规范和第三国的强制性规则相冲突，但本国立法仍然规定应当优先适用当事人所选择的法律。这实际上是提高了当事人意思自治的法律地位。在有些国家的立法中就存在将当事人“意思自治”原则无限拔高的情况。如阿塞拜疆的立法者就认为国际合同的当事人“协议选择的法律”的法律效力甚至还优先于第三国强制性规则，这是该国法律与《罗马条例Ⅰ》最大的区别。[②]

---

① Donald F. Donovan & Alexander K.A. Greenawalt, “Mitsubishi After Twenty Years: Mandatory Rules before Courts and International Arbitrators”, in Pervasive Problems in International Arbitration,（Loukas Mistelis & Julian D.M. Lew eds., 2006,）p. 205.

②2000年《阿塞拜疆共和国国际私法》第5条第2款规定：“若对一国法律的适用导致与案件有密切联系的第三国之强制性法律规范的适用，只要其不涉及协议选择的法律，第三国规范可优先适用。在决定准予优先适用该规范时，须考虑该规范的本质、目的以及适用的结果。”参见黄植蔚.论国际私法中“优先性强制规则”的性质与适用——以〈罗马条例Ⅰ〉第九条为视角[J]，东北大学学报（社会科学版），2019(02).

2. 推进国际私法的功能与革新

当下，市场经济全球化已成为信息网络时代经济发展的主要潮流，全球范围内的经济交往与合作呼吁全球经济一体化。全球经济一体化的发展脉络则形成了全球治理一体化的治理框架，在此框架下必然要求推进形成全球一体的治理框架体系。故而，变革原先过时的全球治理模式与结构必然成为当下的时代要求和各国的呼声，也成为这个时代的使命。推进全球治理体制变革这个时代使命需要通过推进国际法治建设来完成。而要推进国际法治建设，就要使国际法深度参与全球治理体系构建并且发挥出其固有的法律价值功能。具体来说，通过实施国际公法维护各国国家利益，推进国际政治秩序稳定；通过实施国际经济法推动国家之间经济上互利合作共赢；通过实施国际私法推进各国民商事主体涉外经济和谐交流交往，构建秩序井然的国际民商事秩序。而作为国际私法上重要一环的强制性规则，如何在新时代下全球治理体系变革中发挥出法律冲突与选择的作用，在构建人类命运共同体的过程中发挥出国家安全、国家利益、社会公共利益以及与全人类共同利益相统一和谐的作用，这对新时代下国际私法的重构功能的发挥提出了新的要求。国际治理体系需要催生出新的格局，以符合当前全球治理背景下不断发展演变的国际局势。这不但是当前国际局势变革的现实需要，也是推进国际治理体系革新、发挥国际私法价值、推进强制性规则域外适用的必然趋势。

随着历史的发展和时代的进步，国际经济合作逐渐加深，世界各国之间的民商事关系也变得日益复杂，在进行大规模国际经济技术合作、商业贸易、文化交流时，难免会出现纠纷。事先需要约定出现纠纷时适用的法律体系，已经成为当下各国发展经济交往和进行民商事合作不得不面临的现实情况。在国际民商事活动这一领域，无论是出于国际礼让还是国际协助，在许多情况下，认可、接受外国法的域外效力并且适用外国法成为一种不得不接受的现实。在解决内外国法律适用冲突基础上发展起来的国际私法，其主要功能就是解决内外国法律选择与适用的程序及效力问题。[①]而在全球治理模式下推进国际私法的革新，推进国内法的适度域外适用，推进世界各国的法律实践，则是有关国家参与全球治理、推进国际法治的有效方案和重要手段。

①李双元.论国际私法关系中解决法律选择的方法问题[J].中国法学，1984(03).

第五章 国际法治下强制性规则的援引范围

由于传统国际私法的使命就是解决法律适用的冲突问题,因而传统意义上的国际私法又称作冲突法,故而国际私法的具体条款是不能直接适用于解决某一涉外民商事案件纠纷的——所以就再一次说明,在国际私法研究领域,除了国际统一实体规范之外是不可能存在直接适用的实体规范。与冲突规范相平行的概念是国际实体统一规范,而并不是"直接适用的法"。既然国际私法是用来解决不同国家涉外民商事案件纠纷的法律适用问题,那么就应当遵循国际私法上冲突规范的援引规则。而对于所能援引的法律渊源,或者说是可以被援引的法律规范的范围,有如下几个方面:来自法院地所在国、准据法所属国以及第三国制定的强制性规则。在司法实践中法院地国应作为第一国,准据法所属国家作为第二国,而除了法院地国与准据法所属国之外的与该民商事案件的法律适用存在密切关系的相关国家,则被称为第三国。

而国际私法上用于处理涉外民商事案件的强制性规则的文件,除了法院地所在国、准据法所属国以及第三国制定的强制性规则之外,还有国际组织制定的统一实体规范,其中包括区域、专业性的统一实体规范,如国际商会制定的跟单信用证统一惯例[①],以及像世界贸易组织(WTO)这种全球性甚至被称为“经济联合国”的国际经济组织制定的多边贸易协议。

国际商事主体在长期从事国际商事过程中逐渐形成的国际社会上统一适用的实体规范,此处的国际社会统一实体规范,才是与国际私法上冲突规范相平行对立的概念。那种把“直接适用的法”视为国际私法上可以绕过冲突规范的指引而直接适用于某类特殊民商事案件的认识,是错误的。

第一节 援引法院地国法律上的强制性规则

适用法院地国强制性规定的作法,是指一国立法者出于对其国家主权、国家利益和社会公共利益等的综合考虑,所制定出的在本国法院受理的涉外民商事案件中,必须强制性适用本国法律规范中的强制性规则的法律规定。这就对受理法院在审理案件时如何识别内外国法律关系和如何适用法院地国的强制性法律规范提出了要求。法院地国强制性法律规范的适用,可以排除当事人依“意思自治”原则选定的或者依冲突规范指引确定的外国法的适用。[②]此种适用方式最初产生于发生在瑞典的一个案件——“伯尔案”[③]。 该适用

① 跟单信用证统一惯例是国际商会制定的,旨在统一各国对跟单信用证条款的解释而供银行界自愿采用的条例。于1930年5月15日公布,先后于1951年、1962年、1967年、1974年、1983年和1993年六次修改。《跟单信用证统一惯例(1993年修订本)》第500号出版物使用十余年后,从2007年7月起,被《跟单信用证统一惯例(2007年修订本)》第600号出版物所代替,简称为《UCP600》。该惯例仅为国际商会推荐给国际银行界采用的业务惯例,不具有普遍的法律约束力,不采用该惯例的银行也不受其约束。但它已被许多国家和地区的银行界所采用,在国际上具有很大的影响力。中国尚未正式承认该惯例,但在具体业务中亦参照该惯例来处理信用证中的问题及当事人之间发生的纠纷。

② 杜涛.涉外民事关系法律适用法释评[M].中国法制出版社,2011:65.

③ 该案件属于以法院地国法上的强制性规则排除其他国家法律适用的国际私法典型案件。参见田晓云.国际私法中“直接适用的法”探析[A].赵相林.国际私法论丛——理论前沿,立法探讨与司法实践[C].高等教育出版社,2005:78.

方式已经得到国际社会大多数国家的认可，并为世界很多国家所采纳，很多国家也在逐渐引用这种做法，用来排除本国法院所审理的准据法为外国法的涉外案件的法律适用。

当准据法为外国法时，如果法院认为适用外国法并不符合法院地国的对于强制性规则设定的适用条件，而同时，如果适用本国法律规范上的强制性规则则可以产生足够的收益——有助于彰显本国的国家主权，维护国家利益并提升本国法院（代表着一国司法）处理涉外案件的国际形象，甚至适用法院地法还会起到稳定本国社会以公共秩序的作用，那么，大多数国家的司法适用实践都会以法院地国的强制性规则来代替依冲突规范或当事人选择本应适用的外国法律规范。然而，在具体国际司法实践中，上述情况只是一种理论研究中的设想，并不具有普遍性。实际上，一国法院在审理涉外案件时，只有一部分国内法上的强制性规则在一定条件下能产生域外适用的法律效力，也只有一部分法院地国的强制性规则可以取代外国法上的准据法而被强制适用于正在审理的涉外案件。法院地国法律的强制性适用方式，打破了通过冲突规范指引和当事人意思表示选择准据法的传统做法，这主要是出于对内国特殊利益的考虑，其效力的实现方式不仅体现在排除他国法的适用上，而且也体现在排除当事人对他国法的选择上。[①]

当准据法为法院地法时，依据属地管理和司法主权原则，适用法院地国的强制性规则应该毋庸置疑。然而在有些情况下，可能会出现法律关系与法院地国不存在任何联系的民商事案件，即，如果适用法院地国的法律，缺乏连结点的支撑，这时受理法院就应当即刻放弃对自己法院地国强制性规则的适用，转而依据冲突规范选择，确定应当适用的准据法。

---

① 沈涓.法院地法的纵与限——兼论中国国际私法的态度[J].清华法学,2013(04).

第二节 援引准据法国法律上的强制性规则

研究准据法国的强制性规则的适用，就是指研究外国的强制性规则的适用缘由、适用规则与适用情形，甚至包括适用限制，亦可以称为研究准据法国的强制性规则适用缘由、适用规则、适用情形与适用限制。

一、适用准据法国的强制性规则的合理缘由

外国法上的强制性规则属于法院地国冲突规范指引的准据法的一部分，当然应通过冲突规范的援引进行选择适用。当一个国际民商事法律关系的准据法指向为外国法时，通常情况下包括该国所有的实体法，此时法院或仲裁庭一般都会考虑适用外国准据法中的具有实体内容的强制性规则，[①]而不会考虑适用准据法国冲突法或者法律适用法上的强制性规则。[②]因为，从法理学原理和国家利益层面上讲，适用该国的强制性规则也是出于维护该国的国家利益或其社会公共秩序。如果适用准据法国的任意性规范而不是强制性规则，从国际私法上强制性规则适用的一般规律和适用原则来看，适用准据法国法律规范的目的，就显然不是为了维护准据法国的国家利益或者其社会公共秩序，那这样一来，法院地国所引入适用的准据法国的法律规范，就是一次"违法"的引入适用，同时也是对国际私法上适用准据法国强制性规则原则的破坏。

二、适用准据法国强制性规则的合法要求

适用准据法所属国的强制性规则，并不是法院可以随意行使的一项权

①Bernard Audit, How Do Mandatory Rules of Law Function in International Civil Litigation? (18 Am. Rev. Int'l Arb), p.42.

②在这方面，我国的做法是依照冲突规范的指引只能引入适用外国实体法上的强制性规则，但不包括该国冲突法和程序法上的强制性规则。参见《中华人民共和国涉外民事关系法律适用法》第九条："涉外民事关系适用的外国法律，不包括该国的法律适用法。"

力，也不是法官可以在法院地法和准据法国法之间自由裁量的司法权力，而是有着一定的硬性合法要求的。首先，适用准据法国的强制性规则不得违反法院地国的法律规范，尤其是不得违反法院地国的强制性法律规范（包括公法规范和私法规范）；其次，适用准据法国的强制性规则，不能与制定者规定的属人或属地主义原则相抵触；最后，适用准据法国的强制性规则，只能在法院地国法院管辖的区域内适用，这也是国家行使司法权力只能在其主权覆盖的范围适用的具体体现。

三、适用准据法国强制性规则的例外情形

准据法国的强制性规则，虽然是由当事人依“意思自治”原则选定或者是依冲突规范程序确定的应当强制适用于涉外民事案件的法律规范，但在司法实践中亦会出现主客观事由而导致该案件不能适用该准据法上的强制性规则的情形。这是一种特殊情况下的例外——例如，在法院认为该外国强制性规则与法院地国自身的公共秩序或强制性规则不一致时；该外国强制性规则依其本国法律规定，仅对其国内案件发生作用，对其他国家不发生强制性规则上的法律效力；存在双方当事人直接约定不适用准据法国的强制性规则的情形，审理案件的法院就会考虑不再适用准据法国的强制性规则，转而适用法院地国的关于强制性规则的实体规范要求。

第三节 援引第三国法律上的强制性规则

在现有强制性规定的适用的研究成果中提到的第三国[①]，是与案件有密切联系的相关国家。也就是说，如果要援引第三国法律规范上的强制性规定，是有条件的，即必须与案件有着非常密切的联系。

①当法院地国和准据法国是同一国时，有人认为此时的第三国实为第二国。但对三类国家的称呼已经形成惯用的特定称呼，且具有特定含义，无论在理论还是实践中，都无需再改变称谓。

一、第三国强制性规则的概念界定

要对第三国及第三国强制性规则作出概念上的明确界定,这是开展一切法律研究的基础。因为概念不清的理论研究,会让人陷入不知所以然的境界和状态。

既然有第三国的称谓,当然就应该有第一国和第二国的存在。按通常说法,法院地国是第一国,准据法国是第二国,而第三国则是指除第一国与第二国之外,与案件有着密切联系的国家。如此说来,第三国强制性规则的界定是指,依法院地国冲突规范指引选择强制性规则,既不属于法院地国的实体规范,也不属于当事人依意思自治原则所定的准据法国的实体规范,而是属于与案件有密切联系的第三国法律上具有强制适用属性的实体规范,而且依据法院地国冲突规范的要求,受理法院必须对该具有强制适用属性的实体规范进行强制适用。在当代国际私法适用范围不断拓展的情形下,各国在适用强制性规则的时候也把此种情形纳入国际私法上法律冲突援引适用的范围。只是此种情形下第三国法律规范的适用,赋予了法院地国的法官过多的自由裁量权。而且,在依法查明并确认第三国法律规范上的强制性规则及其适用范围是否适用于待审案件,甚至查明的第三国法律规范是否属于国际私法意义上的强制性规则,以及存在几个与本案有密切关系的强制性规则,这几个强制性规则之间是相补充关系还是存在着冲突,这些都是受理法院所必须首先处理的前置问题,这会大大增加受理法院法官的工作量,甚至最后出现的结果还有可能会是,第三国存在的处于同一位阶的强制性规则法律规范互相抵触冲突,让受理法院根本无法判断究竟该适用哪一条强制性法律规定。

第三国强制性规则的适用,是当下学者之间争议最大、最广泛的内容,是指法院地国和准据法国之外国家强制性规则的适用。举例来说,A国法院在处理一个涉外民商事案件时,依照当事人的约定确定应当以B国法律为案件适用的准据法。然而在其中某一情节的处理上,又认定C国的强制性规则与该案件有着非常密切的联系,且C国的强制性规则不能由当事人约定排除。那么,这时受理法院就应当适用C国的强制性规则。在这种情况下,A国法院在选择适用C国的强制性规则时,如何确定在国际私法上的适用依据,使得该适用合乎法理基础和法律逻辑,就成为学者与司法者所面临的国际私法适用上需要慎重处理的问题。

二、"三类"国家划分的意义和必要性

之所以作如此区分,除了因为有着长期使用的缘由之外,还有一些因素也在发生作用。在国际私法上,特别是在对强制性规则的渊源划分方面,对于三类国家进行区分具有重要的意义。

首先,第一国即法院地国是具有审理案件纠纷管辖权的国家,第二国与第三国即准据法国的强制性法律规定能否最终作为准据法被法院地国法院采用,需要法院地国法院对准据法国所作强制性规则的内容进行审查。当准据法国与法院地国是同一国时,如果它被称为第一国,那么准据法国与法院地国之间的关系,在表达起来就容易陷入混乱,这两国与案件之间的关联性也会变得模糊不清。[①]而且,从而导致依冲突规范援引或排除法律适用的判断标准也变得不确定。

其次,第三国有可能会比第二国(准据法国)与案件的关系更为密切。因为准据法一般是由当事人依"意思自治"原则自行选择的法律,而当事人出于某种原因的考虑,有权选择与案件关系并不一定密切的国家的法律。对此,瑞士和欧盟出台了专门的法律文件,规定如果法院要适用第三国法律

①沈涓.强行性规定适用制度再认识[J].国际法研究.2020(06).

规范上的强制性规则，则必须首先确定第三国与待审案件存在着密切联系，这是适用第三国强制规范的前置条件。[①]与瑞士和欧盟的做法相似，其他主张适用第三国强制性规则的国家，也往往大都要求第三国须与案件存在较为密切的联系。

综上可以看出，为了避免在强制性规则适用过程中引起概念表达上的混乱，第一国、第二国、第三国的概念是不能相互转换使用的。

三、援引第三国强制性规则的方式

国际私法学界对于强制性规则的适用依据和适用方式并不统一，甚至在理解和论证方面，亦不在同一层面上和论域内。关于国际私法上已经被广泛使用了的特定化概念“直接适用的法”，等同于国际私法上强制性规则的适用方式，在国际私法学界也存在着不少的争议。笔者认为，真正“直接适用的法”应当是确实不需要冲突规范的援引而能直接适用的法律规范，在国际私法领域，“直接适用的法”的直接适用，仅限于国内实体法中的单边冲突规范基于传统“主权优位原则”出于国家某种利益的保护而做的直接适用或者国际上统一实体规范对其成员国所遵循法律规范的直接适用。关于“直接适用的法”属于国际私法上冲突规范概念的观点，无法实现逻辑自洽。如果前文在论及法院地法的强制性规则适用方式时没有论证透彻——一国的强制性规则须经由指向该国的单边法律选择规则援引方能适用于涉外民

① 2010年修订的瑞士《关于国际私法的联邦法》第19条第1款规定：“依照瑞士法律观念值得保护且明显占优势的一方当事人要求考虑适用本法所指定的法律以外的另一法律的强制性规则时，如果案件与该另一法律有密切联系，则可考虑该适用另一法律的强制性规则。”2008年欧盟颁布的《关于合同之债法律适用的第593/2008号条例》第3条第3款也规定：“选择法律时，如果与当时情况有关的所有其他因素均位于所选择的法律所属国以外的其他国家，则当事人的法律选择不得影响该其他国家的那些不得通过协议减损的法律条款的适用。”

商事关系。那么,此处本书通过论证强制性规则在第二国与第三国的适用过程,会更加清晰地展示出上述观点的逻辑性、严谨性与科学性,能够使其得到更好的印证,而且通过第二国和第三国强制性规则在法院地国的强制性适用总结出的结论,理解起来也会更加轻松。

关于法院的属地管辖权亦即司法主权告知我们,对于第二国和第三国强制性规则的适用效力与适用方式的实现,是不可能不经法院地国法律选择规则的援引就能够在其司法主权管辖以外的法院地国得到适用,因为第三国强制性规则并不具有法院地国强制性规则的先天优势——属地管辖权。可见,强制性规则可以不经法律选择规则援引而“直接适用”的说法,显然在第二国和第三国强制性规则的适用根本就无法实现。通过第二国和第三国强制性规则在法院地国的适用这个法律现象,可以更加充分地看清楚,国际私法上不但根本不存在所谓“直接适用”的法律规范,即便是强制性规则也不可能做到不经法院地国冲突规范的指引而“直接适用”,而且也更加证明了“直接适用的法”与强制性规则的适用方式并不完全一样,甚至完全不一样。通过第二国和第三国强制性规则在法院地国的适用还可以看出,由于国际私法上根本不存在“直接适用”的法律规范,那么作为一国国内的实体规范,特别是第二国、第三国的国内实体规范,就更加不可能“直接适用”于法院地国的法院了。据此,也就再进一步的推理出,作为实体法律规范的“直接适用的法”,根本不是国际私法上的概念,也无法成为国际私法上“直接适用”的实体法律规范。在国际私法领域内,能够“直接适用”的实体法律规范,也就只有单边冲突规范,以及通过多国集体签订或者国际组织内各国共同签订的带有国际公法性质的统一实体规范能够做到“直接适用”(因为在国际统一实体规范的支配下,签了字的各国都认可该统一实体规范的内容,传统国际私法上的法律冲突已经不会再对这些成员国家产生影响)。行文到此,或许还会有人辩解说,关于第二国和第三国的强制性规则需要经过法院地国依冲突规范要求进行法律选择援引才能在法院地国适用的现象,是随着国际私法理论的不断拓展而产生的新的法律适用标准,其并不是传统国际私法研究的内容。对于这样的辩解,笔者认为,同样都是国际私法上强制性规则的概念,如果因为内国法和外国法的不同而就采用不同的法律适用方式,在是否必须经由法律选择规则援引的问题上给予不同的判断标准,那样就等于把强制性规则的适用过程这一国际性概念肢解了,不但法院地国、第二国(准据法所属国)和第三国的强制性规则的概念属性都不一样了,而且,在这三个国家关于强制性规则的适用标准与适用方式在逻辑上都必然会显得混乱。这既不符合国际私法上涉外民事法律关系适用的法律逻辑,更不符合作为传统国际私法最核心内容的冲突规范上多边选法规则。因而,无论是内国法还是外国法上的强制性规则,都必须经由冲突规范的援引这一程序才能得以适用,方才是当代国际私法上强制性规则能够发挥好调整涉外民商事法律关系功能的正解,也才能不断地推进强制性规则在国际私法领域拓展并持续获得新的生命力。

纵观各国国际私法体系中存在的对第三国强制性规则的援引规则,它们同样都属于单边法律选择规范,只不过这种单边法律选择规范不是指向内国法上的强制性规则,而是指向外国法上强制性规则。然而,即便是指向外国法上强制性规则的单边法律选择规范,没有出现在内国法与外国法在强制性规则的适用上进行双边选法的情形,但却有可能出现另一种双边选法的情形,即法律选择的结果,既符合适用这一外国法上的强制性规则,也符合适用另一外国法上的强制性规则。这同样又会给法院地国的法官提出新的挑战和强制性规则适用上的困惑。

我国国际私法立法体系中目前还没有确定第三国强制性规则适用的单

边冲突规范,亦无关于适用第三国强制性规则的司法解释或行政法规,因而司法实践中也就没有真正适用第三国强制性规则审理案件的司法实例。究其原因,一方面可能因为缺乏确定第三国强制性规则适用的相关法律选择规则和法理支撑,另一方面或许是因为立法和司法都暂无确定适用第二国或第三国法律上的强制性规则审理我国涉外民商事案件纠纷的理论与实践上双重的条件准备。

四、援引第三国强制性规则面临的障碍

(一)援引第三国强制性规则与法律规避的冲突

第三国强制性规则在内容制度上与一国国内的强制性规则一样,都曾脱胎于法律规避制度和公共秩序保留制度,这又必然容易导致司法适用时对于该三者概念的含混不清和混合使用。然而,法律规避制度与公共秩序保留确实会造成第三国强制性规则在法院地国适用时遇到条件方面的限制。在本部分内容中,我们只讨论第三国强制性规则受到的来自与法律规避效力冲突时所产生的适用条件上的限制。

在现有研究成果中,有很多观点主张将第三国强制性规则的适用分为间接适用和直接适用两类。对于间接适用,法院往往可以通过以认定当事人规避了第三国强制性规则为由来判定当事人约定的法律规避无效,进而作出适用第三国强制性规则的裁定,作为审理案件的法律依据。直接适用是指直接确认适用第三国的强制性规则的效力。

需要注意的是,前面所述需要法院首先否定当事人选定的法律规避的效力,然后再适用第三国的强制性规则属于对第三国强制性规则的间接适用的观点,并不正确。因为上述的间接适用情形并未完全具备国际私法中法律规避的要件。也就是说,当事人约定规避外国强制性规则的行为尚未产生规避第三国强制性规则的不利的法律后果。而尚未产生法律后果的、

选择有利于当事人利益的法律行为,并不构成国际私法上的法律规避问题。如果当事人选择的法律规避了第三国强制性规则的适用,后又被法院否定了当事人选择的法律的适用效力而恢复适用第三国的强制性规则,这并不能算作是第三国强制性规则与法律规避效力之间发生了冲突——因为法律规避成立的条件是,当事人因为规避第三国法律的强制性规则而获得了利益,所以,法院的上述行为仍然是第三国强制性规则在发生效力。综上所述,可以得出结论,那就是所谓"间接适用"第三国强制性规则的说法并不够严谨,甚至其表述也不够科学。

(二)援引第三国强制性规则与法院地国公共秩序的冲突

第三国强制性规则的适用还需要考虑是否可能出现与法院地国的公共秩序保留条款存在冲突的现实问题。如果适用第三国强制性规则的结果,会违反法院地国的公共秩序保留条款,法院地国是否还能适用第三国强制性规则呢?答案是否定的。这就是说,法院地国的公共秩序保留条款,也是构成适用对第三国强制性规则适用限制的重要因素。

从公共秩序保留制度的适用可以看出,一般情况下,内国公共秩序的适用效力高于外国非强制性规则的法律适用效力,即如果外国法上非强制性规则的适用将违反内国法上的公共秩序保留条款,那么,内国法院将可以不再适用该外国法上的非强制性规则,这是由法律的内部适用逻辑所决定的。但是,如果内国法院也以公共秩序保留作为不适用第三国强制性规则的理由,就表明在内国法院的法律适用位阶中,外国法强制性规则的适用效力也不高于外国法上非强制性规则的适用效力。这似乎无视了第三国强制性规则的"强制性"的适用效力。由于这种"强制性"带有排他性,即排除其他法律规范适用的效力,故而在法律实践中具备"强制性"适用效力的强制性规则,也必然就具有"优先性"适用的效力。因为在一般情况下,单纯的"强制性”适用的“位阶”应该是高于单纯的“优先性”适用的位阶的。如果适用外国法规定的法律结果将违反内国法上关于公共秩序的强制性规定，而这些外国法的规定又属于该外国法中的强制性规则不能被该内国法院排除适用的话，这样内国法的公共秩序又无法起到保护内国的国家重大利益或者社会公共秩序不受侵害的法律效果。如果真的都这样做，就弱化了一国国内公共秩序本应该发挥的作用，甚至在外国法上的强制性规则面前，内国法的公共秩序保留已经失去了“保留”二字的意义。两相权衡后，现在当下各国的态度都已经十分一致，即都认为国际私法上在对第三国强制性规则与内国公共秩序保留条款的适用顺位上，内国公共秩序的适应效力应该优先，这一点在各国涉外法律适用法及国际法上必须得到尊重和保障。这也应该是处理现代国际关系中必须遵守的基本国际原则。因此，各国在设置公共秩序保留制度条款时都没有将外国的强制性规则作为保留的例外，即第三国强制性规则的适用在具体国际司法实践中，必须受到法院地国公共秩序保留的限制。

第三国强制性规则的适用还会面临另一种情况，如果第三国强制性规则与第二国即准据法所属国的法律规定不一致，那么，准据法的选择和适用又该如何处理呢？根据前文的分析结论，笔者认为，第三国强制性规则的功能，主要用来排除当事人约定的法律在法院地国的适用。如果准据法为当事人所选择，当准据法规定与第三国强制性规则不一致时，排除准据法的适用正是第三国强制性规则的重要价值功能所在；如果准据法是依据法院地国的法律冲突规范或法律适用法由法院进行选择和确定的结果，这时应该适用第二国即准据法所属国的法律规定（无论是强制性还是非强制性的法律规定），因为法院地国作为第一国，准据法国作为第二国，与案件有密切联系的国家为第三国，这也应当被认为是关于案件处理的顺位。法院受理一个案件，其首先要考虑的肯定是法院地国法，即本国法；如果存在当事人依意思自治原则自行选择的准据法，或者依冲突规范选择的准据法，那么法院就要对准据法进行审查，看一下准据法与案件的联系程序与第三国强制性规则的联系程度相比，谁的联系程度更密切。因为第三国法律适用（包强制性规则的法律适用）的法律原理，所依据的就是与案件的最密切联系原则。而当事人自行选择的法律，往往并不是与案件最密切联系的法律，甚至当事人为了对于自己处理案件纠纷有利，所选择的法律与案件根本不存在任何或者过多的联系，这时依据近来“最密切联系”原则来选择第三国的强制性规则作为适用案件的准据法，无论从法院地国的感情上，还是从国际私法的适用原理上来看，一点问题都没有；如果该准据法是（由受理法院依职权）依据冲突规范选择的法律，则必然与案件存在着一定程度上的联系，甚至法院就是依据“最密切联系”原则确定的准据法，在这种情况下，法院地国肯定还是要适用其依职权选定的准据法。还有一种情况，就是上述当事人在选法过程中，如果选择的也是与案件有最密切的联系，甚至与第三国的强制性规则相比，其密切程度还是高，笔者的观点仍认为应该适用当事人选择的法律——即与案件有“最密切联系”的法律，这时，第三国强制性规则主要用来排除当事人约定的法律在法院地国的适用的功能和价值也就发挥不出来了。其实，大多数情况下，会出现第三国以及第三国法律上的强制性规则，是因为单凭第一国（法院地所在国）和第二国（当事人选择的准据法所属国）已经难以解决该案件的司法适用问题。

（三）援引第三国强制性规则的合理约束

第三国强制性规则适用问题源于合同领域的民商事案件纠纷。由于第三国法律既不是当事人选定或者依冲突规范选择的准据法，但却又与案件有着较为密切的关系。然而，依法律冲突规范选法规则所援引的法律也会与案件存在着密切的联系，除非选法者出现了选法偏差或者选法失误的情况。而当事人选择准据法所坚持的原则却未必会考虑与案件的联系程度如何，他们选择法律更多考虑的是所选择的准据法规定对自己日后一旦出现法律纠纷时的法院审判是否有利而已。因此，由于当事人选择案件适用的法律时所考虑的因素，可能会出现与案件联系程度不高甚至没有联系的情形，他们更不会考虑到与案件有一定关系的第三国强制性规则，这便使第三国的强制性规则排除当事人选择的准据法提供了可能得到适用的机会。

随着国际经贸领域商事合作范围的不断扩大，各国在对国际间的经济合作以及营商环境改善方面都在尽最大限度地提供法律保障。现在一些国家在国际私法立法领域已将第三国强制性规则的适用范围扩展到了合同领域之外。[①]当今的国际发展趋势已经呈现出越来越多的法院地国法院适用第三国强制性规则对当事人约定的法律进行排除的行为。[②]由于私法体现的是尊重契约自由的民商事活动自由交易原则，而强制性规则的适用，则体现的是第三国的国家意志和社会重大利益。这样看来，为防止具有公法性质的强制性规则对私法自由行使随意以“第三国的强制性规则适用”为由进行国家干预，应在第三国的强制性规则的适用范围和第三国家的强制性规则的适用程度上设置必要的约束机制，即非必要实行干预政策时就不得干预私法适用，否则极易导致引发第三国的强制性规则滥用的现象，亦即公权力滥用。特别是有时法院适用外国强制性规则并非为了维护法院地国的国家重大利益，而是为了实现第三国法上强制性规则的效力和维护第三国重

①但实际案例表明，第三国强制性规则现在仍然主要适用于合同领域。

②由于第三国强制性规则适用的主要范围是在合同领域，并且具有排除当事人所选择的准据法的效力，这就意味着会产生法院以外国法上的强制性规则来排除法院地国的合同效力，有利用外国公法过于干预法院地国的私权之嫌。

大利益。这时,适用第三国强制性规则的合理性、必要性都将受到质疑。这样一来,不但给当事人意思自治原则带来极大伤害,甚至导致当事人关系在两国法律体系的挤压下被撕裂[①]。由于第三国强制性规则适用的主要范围是在合同领域,并且具有排除当事人所选择的准据法的效力,有利用外国公法干预法院地国的私权之嫌。

因此,适用确定第三国强制性规则的不少国家,都体现出了要求法院以内外有别的态度对待第三国强制性规则的适用,要求内国法院在决定适用第三国强制性规则之前要全面评估第三国强制性规则的性质、目的、适用对象等,但在法院适用内国强制性规则时,这些国家却没有提出要法院考虑和重视这些因素。

但无论如何,对于不适用准据法所属国法律的案件,理由需要特别充分。因为无论从法律逻辑还是从当事人利益角度来说,如果是当事人选择的法律被排除,而对第三国的强制性法律规范又不熟悉,会质疑法院做法的合理性,甚至合法性,确实会受到一定程度甚至相当大程度上的现实挑战。[②]尤其是对涉外法律关系复杂的案件,也会增加法院的工作量,以及还要熟悉第三国强制性规定的强制效力和适用范围,甚至有时还要查明整个第三国强制性规则的体系在对待涉外案件适用强制性规定方面是否存在相互冲突的规定,或者不同情况不同处理的情形等。总之,适用第三国强制性规则不能出现片面援引法律规范的失误情形。整个审理过程,在查明和确

①沈娟.强行性规定适用制度再认识[J].国际法研究,2020(06).

②我国目前并没有关于适用第三国强制性规定的法律规范。但在外国判决的效力方面,我国采纳的是效力等同论。同样基于"国际礼让"原则,对于第三国强制性规则的适用,在没有更加成熟的外国法适用理论生成之前,我们也可以暂时适用效力等同论,参见李旺,王露.外国判决效力法律适用规则的理论探析、价值考量与中国选择[J].清华法学,2023(2).

认适用第三国法律的过程中,必须慎之又慎。否则,受到伤害的,会不仅仅是案件的当事人,错误的援引带来错误的审判结果,首先该国法院的审案水平会受到来自国际社会的负面评价;然后是法院地国对于冲突规范或法律适用法的设计在国际社会也会受到质疑,会被认为法院地国并不是一个现代的法治国家,立法与司法都不科学,所以才会出现误判甚至错判的案件;最后还会影响本国的司法权威以及本国在国际社会构建司法协作机制上的话语权,等等。可以看出,适用第三国强制性规定,无论是出于什么目的,确实都会存在一定的风险。但在当下,国际上仍有不少国家及国际私法学者坚持认为,法院地国还是要根据案件的具体情况,以及案件的特点进行"特征性履行",依据国际私法上的冲突法适用原理,必要时还是需要适用第三国的强制性规则。因为如果一个案件既然引入第三国的概念,就说明第三国与该案件肯定存在并不一般的相当密切的法律关系或其他方面非常密切的联系。

第六章 国际私法上强制性规则适用的重新检视

通过前面章节的讨论，我们对于国际私法上强制性规则及其适用的认识，应该可以得出下面的结论：国际私法上强制性规则的适用是指，一国受理法院在处理涉外民商事案件纠纷时，排他性地适用某国(一般情况下是法院地国，有时候会是准据法所属国，或者与案件有密切联系的第三国)具有强制适用效力的法律规定的做法，它是国际私法中冲突规范多边选法体系中适用一国法律规范的一种特殊的选法形式。之所以说它是一种“特殊”的选法形式，是相对于与国际私法普遍意义上法律选择的做法相比较而言的。因为强制性规则适用的单向性与普遍意义上法律选择的双向性截然不同，体现出了国际私法上强制性规则适用过程中法律选择和适用的特殊的目标和价值追求。

虽然很多国内外学者对于国际私法上强制性规则及其适用的理论观点存在很多不同的见解，但是对于其特点，在一定程度上各学者还是达成了很多的认识。国际私法上的强制性规则已成为一种不同于传统冲突规范的新的法律规范。①

① 张敏，万福良.论国际私法中“直接适用的法”——兼评《涉外民事关系法律适用法》第4条[J].南阳师范学院学报(社会科学版)，2011(7)。

第一节 国内实体法上强制性规则能否直接涉外适用

国际私法上强制性规则的适用可以绕过冲突规范,即不需要进行冲突规范的援引之后,然后根据所援引的准据法的适用来判断是否会涉及法院地国的国家利益以及社会公共利益的正常行使,而直接强制性适用法院地国内法上关于涉外民商事法律关系或者涉外专法上的强制性规定。如前所述,这种理解和做法,都是不正确的。一国的国内法,除非是涉外专法或者是单边规范,一般是不可以直接适用于另一国的法律关系或者含有涉外(涉及该国)因素的民商事法律案件的。

国际私法上关于强制性规则以及强制性规则适用的研究成果现在已经有很多,但是在涉外民事关系法律适用领域需要从国际私法适用的角度,对国际私法上的强制性规则的性质以及强制性规则适用制度的过程进行认识和论证。然而,在这方面也存在着很多不同的理解,并且在这些不同理解的基础上形成了很多不同的理论观点。这就导致现有研究成果中强制性规则及其适用制度的性质众说纷纭,以致很多相关问题在不同研究成果中的论述模糊不清。这很容易导致国际私法上的一些概念在适用过程中由于存在认识误区而把两个看起来似乎不同但实为一回事的概念进行重复论证,或者把看起来相同但实际上还是存在较大差异的概念在其研究成果中混同使用。国内法上调整纯粹国内民事关系的强制性规则,既可以是实体性规定,也可以是程序性规定,但是关于国际私法上的强制性规则是实体规则还是法律选择规则,在现有研究成果中则存在着很多不同的观点。

一般情况下将冲突规范的联结因素作为准据法选择的基础要素,利用联结因素所表示的物理位置来确定应适用的准据法——该准据法应是外国的现行实体法,我国法律不接受指引结果为程序法或法律适用法的外国法,也不接受外国法上的反致制度[①],最后再根据确定的该外国准据法的规定,来确定当事人之间具体的权利义务分配,解决冲突和矛盾。还有学者认为在一些特定的领域,特别是在涉及维护国家主权和社会公共利益方面,立法者规定"直接适用"我国法律规范中涉及维护国家主权和社会公共利益的强制性规则条款。该处关于强制性规则的"直接适用",究竟有没有经过冲突规范的援引就进行了"直接适用"?关于这方面的理解,本书前面的章节也做了相应的分析,答案应该是肯定的,但在理论界一直存在着很多不同的声音。

"直接适用的法"的表述是当前学术界使用的非常广泛的关于国际私法上强制性规则的另一种表达方式。因为在这些研究者看来,对于涉及一国国家或者其社会公共利益方面的法律适用,会被绕开国际私法的规则援引制度而直接适用强制性规则。关于这类观点,本书在前面的章节也做了相对全面深入的分析和论证,答案应该是否定的。因为国际私法是解决涉外民商事法律适用问题的冲突规范——其另一个名字就是(国际)冲突法。通过冲突规范解决选法用法问题,就是传统国际私法的主要功能。而冲突法又怎么可能等同于国内法上的实体规范?因为本章前面详细论证这些概念的内涵与外延范围,此处就不再赘述了。在笔者看来,在这些问题中,实际上是因对国内实体法适用过程与国际私法上依据冲突规范指引进行单边或多边选法的适用过程不同,尚未真正理解而致概念上含混不清进而产生的一种认识上的误区。如果不把国际私法上的一些基本的概念的内涵与外延范围研究清晰,单从某一点上进行蜻蜓点水式的理解,那就会对国际私法上的一些更为现实、更为复杂问题的研究产生更多认识和理解上的误区。

① 最高人民法院对此早有明确规定。参见最高人民法院《关于贯彻执行〈中华人民共和国民法通则〉若干问题的意见》第178条第2款规定:"人民法院在审理涉外民事关系的案件时,应当按照民法通则第八章的规定来确定应适用的实体法。"

在国际私法层面上，广义上的强制性规则应该包括单边冲突规范强制的适用——因为单边规范确实是一种国家基于主权效力只做单边适用的规定，这看上去应该更加符合一国适用强制性规则的涵义，而且也符合国际私法上有关涉外案件属于涉外民事关系适用的强制性规则。唯一不同的是，单边规范具有涉外因素的连结点，当事人不属于同一个国家，发生法律关系时的发生地，处于或者跨越着两个以上的不同法域。

对于这种存在一个甚至多个连结点，本来可以进行准据法的法律选择（当事人约定或者法院主动选定适用）。但是在中华人民共和国成立初期，在我国商业经济尚不发达的情况下，谨慎地采取了单边法律规范的形式。那时，我国基本上就是把单边法律规范、国内私法（民法、商法和公司法等）上的一些实体强制规定理论，当作涉及国外民事法律关系适用法上的强制性规则来用了。从法理学上讲，当初我国的适用原则就是完整的属地管辖原则——对于外国人来说，因为他们站在了中国的土地上，就要遵守中国法律。这种选择也可以被认为进行了法律冲突选择的适用，是因为他们站在中国的土地上所作出的行为（生产、销售、雇佣、销售等）。

行文至此，需要粗浅地提及的是，笔者支持那些认为国际私法中不存在“直接适用的法”的观点。认为可以直接适用、无需事先选法的表述无论从法学理论角度上还是从司法实践层面来看，都是不科学的，也不符合国际私法的适用逻辑。其实除了法律之外，生活中也现存有些概念的表述，看起来明显“名不符实”（如蜗牛明显不是牛，壁虎也确实不是虎），这是因为长期以来有些概念和结论，已经成为约定俗成的说法。虽然新的研究成果通过论证产生了新的提法，但是，原来的提法在短期内也改不过来。对于概念的准确内涵与外延范围的理解认识，作为国际私法学的研究者，是必须弄清楚的。

从国际私法角度来看，国内法适用于涉外民事关系的依据是法律选择规则(法律适用法),正是因为有了法律选择规则的援引,国内民事实体法才获得适用于涉外民事关系的效力。这是国际私法上的常识。让笔者不解的是,很多论及强制性规则适用制度的研究成果认为,国内强制性规则可以不经过国际私法上的法律选择规则即冲突规范的援引,而直接适用于涉外民事关系,即国内强制性规则适用于涉外民事关系的依据并非来自法律选择规则,而是来自这类规定自身的强制性的适用效力。

而另有学者认为,关于一国之内实体法律规则具有无须法律选择规则的援引便可直接适用于涉外民事关系的观点,是不正确的。内国的实体规范能够直接适用的法域,只能是在其内国允许直接适用的法域之内①。一国国内的强制性规则只具有属地的效力。法的适用的属地效力不可能因为在国内具有强制性适用效力,就可以直接适用于涉外民商事关系。易言之,对国内关系具有强制性效力的规则并不当然同样对涉外关系或国际关系具有强制性效力。如果说国内强制性规则不需要法律选择规则的援引便可直接适用于涉外民事关系,这一方面否定了国内法只具有属地上的适用效力并不当然具有直接调整涉外民事关系的基本法理;另一方面也否定了法律选择规则援引国内法的基本功能以及法律选择规则的适用效力。依据该学者的观点,没有经过国际私法上法律选择规则的援引程序,一国国内实体法就缺乏了适用于涉外民商事关系的法律依据。②

从《司法解释(一)》的规定来看,虽然有释明可以直接适用的表述,但是其前面设定了用于选择援引准据法的前置条件等限定性表述,即必须是涉及我国社会公共利益。这样看来,不经过冲突规范援引而直接适用的法,在国际私法体系中,其实并不存在。

---

① 即,法的适用的属地效力。

② 沈娟.强行性规定适用制度再认识[J].国际法研究,2020(06).

第二节 司法实践中强制性规则的适用能否绕过冲突规范

司法实践中适用强制性规则,可以径行适用,无需通过审查是否涉及社会公共利益就可以凭法官的直觉而直接排除冲突规范,直接强制适用一国关于涉外民事法律规范上的强制性规则。[①]这种理解和做法都不是透彻的。持这种观点和坚持这种做法的人,主要是因为对于冲突规范的作用、功能以及其在一国内的运行方式缺乏透彻翔实的了解。

前文论述了在国际私法理论研究中强制性规则的适用方式,这在司法实践中遇到涉外民商事案件需要适用强制性规则时,很容易出现基于传统冲突规范多边选法规则而直接适用强制性法律规范的错误做法。从国际私法原理上来看,传统国际私法的主要任务就是解决不同国家因存在不同法律,适用时产生冲突如何选择法律的问题。对于强制性规则而言,在司法实践中也分明存在着需要通过冲突规范援引的法律选择规则才能适用。

在我国的司法审判实践中,出现过可以为强制性规则理论研究提供佐证经典案例。对同一个案件的审理,因为审理时间不同,一审和二审法院分别采用了否定法律规避效力和适用强制性规则这两种不同的法律选择和法律适用理由否定了当事人所选择的法律的效力,该案件最终适用了我国法律规范的强制性规定。[②]对于这样的转变,我国最高人民法院作出的解释

---

① 王怡然.我国国际私法中法律规避制度废存问题再思考——法律规避制度能否被“直接适用的法”所取代?[J]金陵法律评论.2022(00).

② 在汕头海洋(集团)公司、李国俊、中国银行(香港)有限公司保证合同纠纷一案中,一审时(2006年),法院以公共秩序保留和当事人规避我国内地相关强制性规则为理由,否定了当事人选择法律的效力,最终适用了我国相关强制性规则。当事人上诉后,二审时(2012年),法院在法律选择和法律适用时依据了《涉外民事关系法律适用法》第4条,认定该案属于我国内地相关强制性规则适用的范围,故没有考虑当事人选择法律的效力,径直适用了内地强制性规则。

是:以前法院往往以当事人选择的准据法违反了我国的公共秩序或者规避了我国的强制性规则为由来排除适用当事人选择的准据法,然后才能适用我国法律上的强制性规则。然而法院如此排除当事人选法的理由,在理论界并不被国际私法学的研究者们所认可,甚至受到了不少来自理论界学者的诟病。在《涉外民事关系法律适用法》实施后,该法为法院处理此类案件提供了直接的法律依据,法院根据该法第4条的规定排除了当事人关于准据法的约定,进而适用我国《涉外民事关系法律适用法》中的强制性规则。这个案例,以及最高人民法院的解释,很好的佐证了强制性规则的适用是不可以绕过冲突规范的援引而径直适用的,如果那样做了,将更受到来自国际社会的诟病,因为一国国内法在不经过冲突规范援引这个程序是不能直接适用于另一国的国内事务的,这既是对别的国家的主权的不尊重,同时也表明了审判人员对于国际私法程序的不熟悉——当然,涉外专法属于例外的情形,但它也相当于以单边冲突规范的形式进行了单边选法,然后才适用于涉外民商事关系,只不过涉外专法即单边冲突规范的援引时间并不是全部都放置于司法机关的审理之前,而是将一部分对涉外事项的适用强制性规定的资格审查前移到了立法阶段。

由此可见,《涉外民事关系法律适用法》第4条规定了关于援引国内法上强制性规则的法律选择规则。如果没有这样的选法规则,那么国内强制性规则就无法优先其他法律(包括当事人自行协议选择的法律和依冲突规范选择的准据法)而适用于涉外民商事关系。由于有了该项法律选择规则,国内法院就取得了将国内法上的强制性规则适用于涉外民商事关系的法律依据。在论及第三国强制性规则在司法实践中的适用时,如果还是持有这种无需经过法律选择规则的援引便可直接适用于涉外民商事关系的观点,那就只能把司法实践中第三国强制性规则的适用推向一条死胡同。

2012年《司法解释(一)》第10条规定中有"无需通过冲突规范指引"而"直接适用"表述。在司法实践中,对于《司法解释(一)》第10条界定的六类强制性规则的适用,确实也很容易让人误解为国内法上的强制性规则就可以直接适用于涉外民商事关系的处理。而这句"无需通过冲突规范指引"的表述,更会让国际私法研究者认为该司法解释条文本身以及该条文中提及的"《涉外民事关系法律适用法》第4条"并不是国际私法上冲突规范的研究对象。我国《涉外民事关系法律适用法》第4条规定的内容,又恰恰是指向了我国国内法上的强制性规则"直接适用"的方式。该表述在司法实践中容易引起的误解是,司法者可以不用从国际私法规范的角度来看待这条规则的性质和功能,认为只要是《司法解释(一)》中规定的六类案件,就可以不考虑国际私法上用于解决涉外民商事关系的冲突规范规则,而直接将适用国内实体法作为审判案件的依据。其实,仔细看来,《司法解释(一)》第10条关于强制性规则不需要冲突规范的指引,而直接适用于涉外民事关系的法律、行政法规的规定前面还有一个前置条件,那就是需要"涉及中华人民共和国社会公共利益",该项规定就是国际私法上关于解决能否适用我国法律法规中的强制性规则的指引。笔者之所以在此花费大量篇幅论及《司法解释(一)》对于强制性规则的态度,是否属于"直接适用",是否属于"进行了冲突规范的指引",就是为了能够与从事该领域研究的人员一起探讨该项结论是否存在科学性与正确性,并提请众多不怎么接触涉外民商事案件法律适用的司法者,在司法实践中"直接适用"国内法上的强制性规则之前,需要从国际司法冲突规范多边选法的维度上确定涉外法律规则适用的依据,而不要误解《涉外民事关系法律适用法》第4条的规定和《司法解释(一)》第10条关于强制性规则不需要冲突规范的指引的内涵和价值功效。有学者指出,在国际私法上,从来就不存在"直接适用的法"——当然,国际统一实体规范可能是个例外。但国际统一实体规范，虽然解决的也是国际私法领域涉外民商事关系中的法律统一适用问题，但其实也是属于国际公法范畴了。还有看上去是在“直接适用”的就是国际私法上的单边冲突规范（其实也是国内规定专门用于涉外的实体规范），而单边冲突规范在涉外民商事关系中适用之前，其实也是通过冲突规范进行了援引（首先需要通过援引，确定其属于单边冲突规范）才进行了适用，也不是纯粹的直接适用。随着全球经济一体化的发展，单边冲突规范的适用，已经逐渐弱化，日益式微。

没有经过冲突规范指引而适用的涉外规则，从性质上来看，其实属于一国为了确保本国国家主权利益以及社会公共利益不受减损而作出的单边规范，在类型上属于单边法律选择规则的范畴。而依前文所述，单边规范仅仅是广义上的强制性规则，属于国际私法上强制性规则的一类。这样的法律选择规则是仅能指向内国法的单边规则。第三国强制性规则的适用更为复杂和特殊，是无法被涵盖在无需通过冲突规范指引的单边规范的范围之内的。

综上所述，一国强制性规则与国内其他实体规定一样，在司法实践中，必须经过国际私法中的法律选择规则的援引，排除当事人选择或者依冲突规范选定的准据法后，该强制性规则才能被法院适用于涉外民商事关系。

第三节 强制性规则与强制性规则的适用概念是否等同

在国内民商事关系的法律适用层面上，其实，“一国国内的强制性规则就是其国内强制性的实体规范”。在这一点上，各类研究成果基本上都持有比较一致的观点，从而能够对国内强制性规则属于国内实体规范的性质达成一定程度上的共识。大多数研究成果都认为，国内的强制性规则是基于国家立法机关颁布的一类具有强制适用效力的较为特殊的实体规范，其特殊之处不在于其实体内容特殊,而在于其在符合一定条件的情况下,可以变成适用于处理涉外民商事关系的强制性规则,进而为我国的涉外法治建设作出贡献。如果仅仅停留于国内法的层面来看待和认识强制性规则的性质与作用,这样的理解并不存在任何问题,但在讨论研究一国强制性规则在处理涉外民商事关系中的法律适用问题时,必然要涉及国内实体性强制性规则的内容,以及在处理各种涉外民商事关系时如何援引这类国内实体性的强制性规则,以用来解决在涉外民商事关系中出现的纠纷问题。

笔者认为,讨论国内实体性的强制性规则在涉外民商事关系中的法律适用,必须依照国际私法上的冲突规范的选法规则以及其对强制性规则的援引方式,才能将这类国内法上强制性实体规范应用到解决涉外民商事纠纷的案件中去,这个识别与应用的过程,其实就是国际私法上强制性规则的适用制度,或称适用规则。强制性规则、强制性规则的适用、强制性规定的适用制度(规则),三者并不是一个等同的概念。通过分析以及平时的应用习惯就可以感觉到,强制性规则,是一个静态的概念,无非就是一个内国法或者外国法上直接用于处理实体问题的法律规范中的一个普通法律术语而已,除此之外,其概念本身并没有什么特殊之处。强制性规则的适用,是一个动态的概念,它指的是强制性规则在特定情况下——本书中指的是一国国内民商法(主要是合同法)上的强制性规则在处理涉外民商事关系时,引入该法律规范用来解决涉外民商事纠纷时需要遵循的国际私法上依冲突规范进行的选法规则,以及当与国家利益或者社会公共利益相冲突时,无论是当事人选择的准据法还是依冲突规范选择的准据法,均有可能被排除适用的过程。也就是说强制性规则的适用,是一个动态的概念,是国际私法上选法、用法或排除准据法适用的一个专业性的过程。只有通过国际私法上强制性规则的适用规则引入其处理涉外民商事关系案件纠纷问题,国内实体法上的强制性规则才能“活动”起来，从单纯国内法上的实体规范而上升成为国际私法上可以强制性适用于处理涉外民商事案件纠纷的通过单边冲突规范选定的制度。随着现代国际经济活动交易及发展的需要，强制性规则的适用甚至还不断向前发展成为强制性规则适用的制度（规则）体系。强制性规则适用制度则是对强制性规则的适用，如何在国际私法体系发挥作用的制度化、规则化的提炼与总结。当强制性规则的适用成为国际私法体系内一项稳定的制度，具备了成熟的适用规则，那么对于本国国际私法体系的发展和完善，以及推进调整国际经济关系的涉外法治建设，形成健康稳定的国际国内经济发展环境，这对于当前国内乃至全球经济的复苏，也必然会发挥出积极的推动作用。

通过上面的分析，这三个概念的法律属性所属的法律部门应该已经比较清晰。强制性规则是一国国内法上的实体规范，其并不是国际私法上的概念，不仅强制性规则不是国际私法上的概念，所有国内法上直接用于调整国内事务的实体法律规范，也都不是国际私法上的概念，只有当这些实体规范由于冲突规范的指引而参与了处理国际私法事务时，它们才具备了处理涉外民商事关系的价值功能。适用于国际私法上的国内实体规范并不因此就当然改变了其国内法的属性而成为国际法上的法律规范。正是由于国际私法上冲突规范选法规则的适用，才使其在适用过程中叠加上了国际法的因素。但当案件结束后，其国际私法上的叠加因素和体现涉外适用的价值属性也就结束了，而重新回归到主要适用于调整国内民商事关系的法律性质。当然，这里还有一个例外的概念，就是国内法上的单边冲突规范，是一个国际私法上的专有概念，虽然其也是国内法上的实体规范，但它却不是用于直接调整国内法律事务，而是用于调整涉外的法律事务，主要是用在那些主权国家认为适用外国法可能会出现侵害本国重大利益、影响本国社会公共利益的情形时，才会单方面宣布适用本国的单边冲突规范。[①]而强制性规则的适用，可以说它是国际私法上的一个动态的概念，通过排除冲突规范或者当事人选择的法律而被引入适用的过程，就是国际私法发挥作用的过程，通过强制性规则的适用这一动态的选法过程。不但实现了其在处理涉外民商事案件纠纷上的独特价值，而且也大大发挥了国际私法在调整国际民商事法律秩序的作用，体现出了国际私法具备的价值功能和对国际贸易活动、国与国之间的经济稳定与发展所提供的法治上的保障。

综上可知，有人认为一国强制性规则参与了国际经济案件纠纷的法律适用，就被视为具有了国际法因素的观点；还有人认为国内法上的强制性规则也属于国际私法上的概念，具有国内法与国际法的双重属性；还有人认为一国强制性规则仅仅属于国内法上的实体规范，其不可能因为适用于过国际经济纠纷的调整，成为国际法。这些理论观点并不一致，其实就是因为一些研究成果混同了国内法上的实体规范和国际私法上的冲突规范的区别。国内法上的强制性实体规范，无疑是一个国内法上的概念，因为基于国际私法的性质，除了国际统一实体规范和国内法上属于实体规则的单边冲突规范，一国内国法上用于规范内国法律事务的实体规范，就不可能是国际私法体系的内容。强制性规则的适用，因为其处理的是国际私法上冲突规范的适用难题，因而其属于依照冲突规范进行法律选择的规范，故而强制性规则的适用，应当属于国际私法体系的内容。强制性规则的适用制度（规则），属于将强制性规则的适用过程进行制度化，已经成为国际私法体系中的重要组成部分。可见，强制性规则、强制性规则的适用以及强制性规则的适用制

① 还有一个例外，就是我国1995年颁布，1999年宣布废止的《中华人民共和国涉外经济合同法》。该法专门以涉外关系为其适用对象，属于专门针对涉外或国际关系的“涉外专法”

度(规则)是三个不同的法律概念,分别从属于不同的法律部门,一直在我国现行法律体系中发挥着不同的作用。

综上所述,强制性规则的适用制度(规则),从本质上来看是国际私法上在处理涉外民商事关系时的一种关于如何选择和适用强制性规则或方法,其内涵主要是如何确定指引强制性规则的法律选择规则,其外延应当是如何确定强制性规则在处理涉外民商事关系中的适用范围。

第七章 我国涉外立法上强制性规则的制度沿革

从优利克·胡伯的"国际礼让说"开始以来的早期国际私法史上，各国纷纷以"主权优位"理论为由进行国际私法立法，并通过司法途径来排除对其他国家的法律选择，最终以实现适用本国的实体法作为其追求的价值目标，造成的结果就是大大减少甚至排除外国法的适用机会。但是，中国国际私法上的法律适用法的立法实践的沿革，却由于中国近现代史曲折发展的独特历史特点，而出现了一段相对独具历史特色的立法实践和司法适用的国际历史画面。

第一节 新中国成立初期的涉外法治建设

新中国成立后，《法律适用条例》被废止。中国开始以一个完整主权国家的身份构建人民政权国家自己的法律规范和法律体系，但鉴于当时的历史条件，加之众所周知的"文革"的冲击，我国除了四次修改宪法和在新中国刚刚成立以中央人民政府委员会的名义颁布的旨在废除历史上长期以来压迫女性的"一夫一妻多妾"现象的1950年《中华人民共和国婚姻法》(以下简称1950年《婚姻法》)[①]之外，所颁布的用于治理国家的法律寥寥无几，

① 这部只有8章27条的新中国首部法律，彻底颠覆了"父母之命，媒妁之言"的传统婚姻，废除了包办买卖婚姻、纳妾、男人随意停妻休妻等封建婚姻制度的糟粕。其确立的"婚姻自由、一夫一妻、男女平等、保护妇女儿童合法权益"四大基本原则也一直沿用至今，成为中国婚姻家庭立法的基本原则。

更毋庸谈国家法治体系的构建了。①但这部1950年由中央人民政府委员会颁布的新《婚姻法》，却体现着很强的用国家主权来维护社会公序良俗的“适用强制性规则”的特点，特别是对传统社会纳妾制度的废除，直接从根本上提升了新中国成立以来中国妇女的社会地位和家庭地位。该法律提及了少数民族中如果有特殊情况，可以制定变通规定，但是对于涉外婚姻如何处理及其效力，却并未作出明确规定，而是在1951年颁布的《关于外侨相互间及外侨与中国人之间的婚姻问题的暂时处理意见》中进行了说明，将二者结合起来使用，便构成了中国最初期的国际私法上调整涉外婚姻关系的法律适用规范，也在一定程度上体现出了中国基于国家主权原则进行的强制性规定的适用。

自新中国成立以来的很长一段时间内，我们都在施行计划经济体制，国内以及涉及进出口贸易的很多的经济项目都是由国家统筹统办。所以，在当时，我国在国际私法法律规范与涉外法治建设方面取得的成就并不多。

第二节 改革开放早期各部门法中的强制性规则

在改革开放早期的国际形势下，我国在一定程度上，像国际社会上一些国家的做法那样，在涉外法治中采用了“主权优位”原则来适用国际私法上的强制性规则，因而制定了大量的体现国家主权和“属地主义”原则的单边法律规范。这样做，不但可以在涉外法治实践中实现坚决维护我国司法主权的价值功能，而且还可以在具体司法办案实践中大大减轻法院的选法负担，特别是在外国法难以查明时，大大地减轻了内地法院查明外国法的司法负担。大多数法院的法官很不喜欢费时费力地去查明是否存在相应的外国

① 只有在1951年内务部颁布的《关于外侨相互间及外侨与中国人之间的婚姻问题的暂时处理意见》和1959年《中苏领事条约》等法律文本中，零星出现了与国际私法有关的条款。

法。在涉外民事法律关系中适用本国法律办案，省时省力，应当是很多法院愿意采用的方式。

一、"三资企业法"确立的涉外强制性规则适用方式

自1978年党的十一届三中全会确定了改革开放政策以后，外商在中国境内的投资分为中外合资经营企业、中外合作经营企业、外商独资经营企业三类，统称为"三资企业"。

1979年颁布《中外合资经营企业法》，1983年颁布《中外合资经营企业法实施条例》，1986年和1988年又相继出台《外资企业法》和《中外合作经营企业法》，"三资企业法"确立了中国法律在涉外适用实践过程中，以首先维护我国主权和国家利益、社会公共秩序为前提和基础，并带有明显"主权优位"特征的单边冲突规范适用原则。

1985年颁布的《涉外经济合同法》和《继承法》进一步针对涉外合同与涉外继承的法律适用作出了规定。1988年颁布的《关于适用〈涉外经济合同法〉若干问题的解答》对涉外民事案件的法律适用作出更为细致的规定，丰富了我国涉外法律适用的规范内容和框架体系。[①]

二、《民法通则》中的强制性规定条款

最早制定的比较全面地用于调整民商事关系的法律规范是《中华人民共和国民法通则》（以下简称《民法通则》）。《民法通则》自1987年1月生效，直到2021年1月因《民法典》生效而彻底废止，其对于调整我国的国内国际民商事关系者发挥了重要的作用。针对涉外民商事案件纠纷处理及法律适用方面的专门立法，则直到2010年出台的《涉外民事关系法律适用法》，才成为我国国际私法领域（涉外民商事领域）的首次立法行动。

① 刘晓红．中国国际私法立法四十年：制度、理念与方向[J]．法学，2018（10）．

需要注意的是，由于我国立法上长期存在“宜粗不宜精”的特点，具体适中的解释权赋予了最高司法机关，故而在本书中提到的立法(规定)，除非有特别说明，一般将针对某部法律进行的司法解释视作该部法律的一部分，不再单独说明。

一般情况下，一国民法领域内的专门针对纯国内民事行为的强制性规则是不能够用来排除涉外民事关系中准据法的适用的，因为它们并不是国际私法意义上的强制性规则。国内法上的强制性规定只有经过国际私法上冲突规范的指引，方才能适用于涉外领域。强制性规则作为国际私法冲突规范中多边选择规则的例外，在处理涉及我国重大公共利益的案件中发挥着十分重要的作用。

《民法通则》第八章专门针对涉外民事关系的法律适用作出规定，在明确一般规定和公共秩序保留的同时其内容涉及民事行为能力、物权、债权、婚姻家庭等方面，在一定程度上反映出立法者对国际私法的关注并有效填补了涉外民事案件无法可依的空白。1988年《关于贯彻执行〈中华人民共和国民法通则〉若干问题的意见(试行)》，针对涉外民事案件的法律适用作出更为细致的规定。

《民法通则》中涉及国际私法冲突规范时，就采用了社会公共利益这一“过滤阀”来对外国法律或国际惯例中法律规则的适用进行了限制，即在适用外国法律或国际惯例规则时必须与考量我国的社会公共利益，不能产生减损我国社会公共利益的法律后果。①

《民法通则》第142条至第150条，都是针对如何处理涉外民事法律关系所作的专门性规定，虽然没有“强制性规则”字样的表述，但这并不意味着当

① 我国1986年《民法通则》第150条规定：“依照本法规定适用外国法律和国际惯例的，不得违背中华人民共和国的社会公共利益。

时的立法对司法实践中法院可能需要援引强制性规则适用于涉外案件的情形缺乏关注,只不过由于受当时的历史条件和法制建设状况所限——国内对于国际私法、强制性规则、涉外案件等这些术语的涵义领会得并不深刻,而且在坚持"主权优位"理念下,司法实践中也还没有出现烦冗复杂的案件需要用到国际私法上太多的法律概念来处理。所以,一些在国内发生率并不是很普遍的特殊情形的案件,都是通过司法解释或者专门立法来处理。

关于强制性规则的适用制度,是作为隐含性条款设计在了一些法律条文中,如《民法通则》第145条规定中的"法律另有规定的除外"。[①]因为在同一条款中,前面刚刚表述完了当事人可以适用"意思自治"原则选择合同争议"所适用的法律",紧接着后面又以"法律另有规定的除外"来规定当事人的自由选法行为如果遇到特殊情形就需要强制适用另外的法律规定,该选法行为就可能会被归于无效。这其实意味着不仅仅是限制甚至有可能是排除了当事人先前的协议择法行为,能够导致当事人协议选法无效的"另有规定的法律规范",在当时虽然没有明确规定,但是相当于让当事人的协议选法适用的行为,处在了"效力待定"状态——即如果要想让当事人的协议选法行为产生法律效力,则就必须确认没有另外的法律规定在限制当事人的协议选择法律的权利。依照国际私法原理来看,能够排除当事人自由选择的法律效力的规范(任意性规范)只能是强制性规则。很显然,"法律另有规定的除外"其实就是为强制性规则条款的立法和适用,以隐含的方式留下了空间。一旦出现或找到另有规定的法律规范,则当事人事先选择的准据法

① 我国《民法通则》第145条规定,处理涉外合同发生纠纷时适用的法律当事人可以选择处理合同争议所适用的法律,但"法律另有规定的除外"。此处"法律另有规定的除外",其实就是在限制当事人依照"意思自治"原则享有的法律适用选择权的带有强制性规定性质的条款。

的适用效力就会被立即排除。[①]其实，被后来学界认定为国际私法上单边冲突规范的“三资企业法”，当时已经颁布实施。单边冲突规范的属于广义上的强制性规则，也可以认定为此处“另有规定的”法律。

有学者认为，我国在涉外民商事法律关系的法律适用问题上，存在着两种情况。一是在一般情况下，将冲突规范的联结因素作为准据法选择的基础要素，利用连结因素所表示的物理位置来确定应当适用的准据法，最后根据准据法的规定来确定当事人之间的权利和义务关系，[②]解决当事人双方之间的纠纷。[③]二是在特殊情况下，强制性规则是直接适用的。比如在一些特定的领域，立法者为了实现国家和社会公共利益的需求，将需要进行保护的利益通过立法上升为直接适用的法律规定。[④]而且通过立法保护的利益，有时也并不仅仅局限于国家和社会公共利益的范围，甚至还会包括一些私人私益在内。

在笔者看来，前面所说的涉外法律的两种适用情况，并非法律适用的

---

① 在我国，《民法通则》于1986年4月12日颁布（1987年实施）。在《民法通则》开始实施之前，“三资企业法”就已经颁布了，其颁布时间分别为：1979年7月颁布的《中华人民共和国中外合资经营企业法》；1988年的4月颁布的《中外合作经营企业法》；1986年4月12日颁布的《外资企业法》（与《民法通则》同一天颁布）。也就是说，“另有规定的法律”已经出现了。只不过，对于这三部法律规范是基于“主权优位”原则而制定的，基本上通篇都是无条件适用中国法律，长期以来在司法实践中都被法院作为国内法对待，其条款也都是跟国内法上的条款一样“直接适用”。现在国际私法学界已经形成通说，“三资企业法”的性质属于国际私法上的单边冲突规范。随着《外商投资法》颁布和施行，上述“三资企业法”已于2020年1月1日废止。

② 刘素.涉外不当得利、无因管理法律适用实证研究[J].北京理工大学学报（社会科学版），2021(02).

③ 在理论界持有上述观点的学者，往往将最终适用于当事人之间的实体法称为“一般准据法”。

④ 第二种表述其实是“强制性规则适用”的法律概念，认为在涉外案件中将需要保护的利益，通过立法上升为可以直接适用的法律。该观点认为，在涉外案件中可以绕开援引冲突规范环节，而直接适用国内法，这与本书观点并不一致。

"二元化"现象。第一种情况属于依据冲突规范进行法律选择来确定准据法,解决不同国家之间民商事法律纠纷,这正是传统国际私法即冲突法的根本任务,也是其最核心的价值所在;第二种情况,其实持该种观点的人坚持的是"直接适用的法"的观点,认为国家出于特殊情况和特殊重大利益的需要,可以直接将其国内法适用于国际层面,这与国际私法原理不相符合。

我国的法律体系及其对于适用的规定,更加偏向于大陆法系。这在涉外民商事关系的法适用中,也同样不例外。而大陆法系的明显特征即为制定法(又称成文法)体系,在司法实践中对于法律的适用,一般是需要通过明确而具体的法律条款,才能引入法律条文适用于具体的审判案例。对于法理学上关于法律上的概括性规定也同样可以作为法律渊源(法的效力来源)的说法,在我国的司法实践中,一般都要审慎适用。这就导致在我国的司法实践中,对于部门中规定的那些法律兜底条款——具体体现为"其他可以……的情形",在司法实践中往往难以实现。这实质上是在限制法官的自由裁量权,而限制法官自由裁量权的主要目的,是在当前我国全社会的现代法律文化与法治思维尚不完备的情况下,尽量摆脱传统社会长期受人治文化熏陶而形成的重实体而轻程序的影响,以实现让每一位法官在审理案件适用法律时,能够做到"精准适用"而作出公平的裁判结果。尤其是在涉外案件中,对于司法审判所带来的法律结果就更加需要提前进行研判,不但要做到像一般的纯国内民事案件那样,实现更好的政治效果、社会效果和法律效果,而且还要考虑做到实现更好外交效果和国际法治效果。这就对涉外案件的审理和法律适用提出了相较于纯国内民事案件要高得多的要求。

由于制定法(成文法)的条款规定并不能穷尽世间所有纠纷都作出明确具体的规定,因为制定法中也同样涵盖了一些概括性的原则性规定和进行类型化处理的要求。如《民法通则》中被认为属于泛泛的规定,从某种意义上说，就属于概括性的原则性规定。如果我国在法律实践中可以参考英美法系的法律实践做法，通过适用法律习惯审判案件的判例法适用方式，那么一些关于涉及国外民商事案件纠纷，就可以通过我国《民法通则》中关于公共利益的保留条款(或者除外)规定来解决。

在2011年环渤海湾发生的康菲公司漏油一案中，虽然当时的舆论高涨，社会各界人士纷纷献计献策，提出康菲公司应对周边居民的损失作出合理赔偿，相关执法部门应对康菲公司课以高额罚款甚至参照国外进行刑事立案侦查、逮捕法定代表人的做法等，而不应仅仅依照当时环境保护法中规定的罚款最高计罚30万元，因为有限的行政处罚对于康菲公司来说，处罚太轻，起不到法律上应有的威慑作用，即"违法成本太低"。这又引发了国内大量专家学者对于我国长期以来"守法成本高，违法成本低"的大讨论——如果企业的社会服务意识太低，那么就可以依照法律可预测性的评价功能，把违法成本也看作是构成企业经营的成本之一，这样一来当企业获得的利润远远高于其经营成本时，就可以将违法成本忽略不计新《环境保护法》的出台，提高了国内关于违法案件当事人的罚款力度，提高了生态环境领域的违法成本，而2014年出台的《环境保护法》亦被称为"史上最严环境保护法"。

如何解决环渤海湾大量居民遭受的损失问题，就是属于涉及国外因素的涉外案件。但是当时的社会观点主要聚集于"属地管辖"原则上的适用中国法律对违法的当事人进行处理。而对于该案件应该如何处理的涉外连结点，以及如何通过公共秩序保留(除外条款)或者依据国际私法上进行法律选择与适用，却很少有发声的。虽然有不少的国内外学者认为，概括抽象的"白纸规定"①式的法律原则，无法直接适用于具体案件的审理，而不进行解

① 所谓"白纸规定"，是指那些内容十分概括抽象的原则性规定。[台]杨仁寿.法学方法论[M].北京:中国政法大学出版社，1999:184.

释的法律规范[①]就难以完成精准法律适用的过程。这也凸显了我国在涉外民商事案件的法律适用方面，都忽视了由于此案属于具有涉外因素的案件故而应当适用涉外法律规范进行适用的法律思维与法律逻辑。正义是法律追求的终极价值目标，必然映射出法律是正义的化身和法官是现实的法律这一理念。但是所有的正义却未必都能够通过遵守法律规定来实现。因为有些正义，一时还无法通过设置法律条款的方式来保证其实现，而且仅仅靠有限的法律条文，亦无法穷尽世间所有的正义。法官在审理案件时，不应仅仅以“大小前提”的简单演绎论证模式来作出决断，而应将“大小前提”的逻辑归属以及演绎论证的全过程。

三、其他部门法对适用强制性规定的条款设计

如前所述，我国早期法律体系中关于强制性规则的条款，都是零星地散落在各法律部门的立法规定中。由于在《民法典》出台之前，每个法律部门又包含了很多的法律子部门，随着国内、外形势的变化，以及我国立法本身具有概括性与抽象性之特点，在司法实践中又将一些法律概念和具体适用情形以司法解释的方式发布实施。

在本节中讨论的“部门法”概念，将包括该部门法所统管的所有子部门法以及关于该部门法或者子部门的各类司法解释和可以反复适用的规范性法律文件。通过检视一些早期的部门法中关于处理涉外法律关系的条文规定，不难发现，我国国际私法中的强制性规则制度不仅仅在《民法通则》中有所体现，而且在多个法律部门中的立法中也能找到痕迹，或者已经形成了明确的适用强制性规则的法律规范，尽管有些条款设计得比较含蓄。

前面所述的部门法的强制性规则条款，主要是以单边冲突规范的方式，

① 即，“任何法律规范都需要解释”，法律解释应当是法律适用的前提。参见[德]魏德士．法理学[M]．吴越，丁晓春译．法律出版社，2005:315.

规定了一些涉外合同必须无条件地适用我国法律。唯一发生排除其他法律规范适用效力的情形是,在此类涉外案件中可以援引(甚至是直接适用)这些强制性规则(单边冲突规范),用来排除其他国家法律的在所涉案件中的适用效力。尽管在这些部门法中没有明确使用“强制性规则”概念,但这些条文的表述形式都有着极强的排他属性。还有一个特征就是,这些部门法中的强制约束性条款基本都是以我国的国家利益或者社会公共利益为立足点而制定的。早期部门法中的这些强制性法律规范,其实是以《民法通则》为中心的传统民法体系中强制性规则制度的延伸。

第三节 确立市场经济体制和加入世贸组织后的涉外立法进程

构建社会主义市场经济体制的确立,迎来了国内经济体制改革的新变化和新局面。

1999年出台的《中华人民共和国合同法》(以下简称《合同法》)在整合改革开放以来相关合同立法的同时,延续了《涉外经济合同法》中关于强制性规则涉外法律适用的指引。

2021年中国加入了世界贸易组织,对外开放格局进一步扩大,为与国际社会接轨并进一步融入世界经济圈,我国在涉外合同和涉外金融领域,制定了大量关于涉外立法的法律条文。[①]但是,这些条文主要是一些外商来华投

① 《外汇管制条例》中典型的强制性规则,体现在第22条的条款设计:“借用国外贷款,由国务院确定的政府部门、国务院外汇管理部门批准的金融机构和企业按照国家有关规定办理。外商投资企业借用国外贷款,应当报外汇管理机关备案”;最高人民法院《关于适用〈中华人民共和国担保法〉若干问题的解释》规定:“对外担保合同如未经批准和登记,其合同不发生任何效力”;2002年颁布的《文物保护法》中第25条规定:“禁止非国有固定文物的抵押转让等。”

资设厂的程度方面的强制性规定。严格来说,虽然也是属于调整涉外民商事关系的强制性规定,但却并不应该认定为是国际私法上的强制性规定,而属于一国国内公法基于国家政策管理的公法规定。而公法规定,无疑全是强制性规定,是必须遵守绝不可以以当事人"意思自治"原则加以排除的法律规范。

最高人民法院2007年颁布了关于涉外合同纠纷的司法解释,其中涉及必须适用于中国强制性法律规定的八类合同。[①]这八类合同,其实也都属于基于"主权优位"原则下,国家单边冲突适用的强制性规则。单边冲突规范属于广义上的强制性规则。从这些单边规范在强制性规则的适用范围上与其他国家的法律规定相比,除了适用范围很广,在适用的启动条件上很低容易启动之外,还具有很强的"开放性"。也就是说,我国在审理涉外民商事合同的法律适用方面,为了维护国内经济利益,在某些程度上扩大了"主权优位"原则的适用。

虽然这些关于涉外合同的强制性法律规定对于保护我国国内经济的发展和国家的整体利益具有非常重要的积极作用,但是即便不启用这些强制性的法律规定,也并不会对我国的国家利益和社会公共利益造成太大的损

---

① 即《最高人民法院关于审理涉外民事或商事合同纠纷案件法律适用若干问题的规定》,其中第8条:在中华人民共和国领域内履行的下列合同,适用中华人民共和国法律:(一)中外合资经营企业合同;(二)中外合作经营企业合同;(三)中外合作勘探、开发自然资源合同;(四)中外合资经营企业、中外合作经营企业、外商独资企业股份转让合同;(五)外国自然人、法人或者其他组织承包经营在中华人民共和国领域内设立的中外合资经营企业、中外合作经营企业的合同;(六)外国自然人、法人或者其他组织购买中华人民共和国领域内的非外商投资企业股东的股权的合同;(七)外国自然人、法人或者其他组织认购中华人民共和国领域内的非外商投资有限责任公司或者股份有限公司增资的合同;(八)外国自然人、法人或者其他组织购买中华人民共和国领域内的非外商投资企业资产的合同;(九)中华人民共和国法律、行政法规规定应适用中华人民共和国法律的其他合同。

害。在国内法强制性规则的涉外适用上坚持了非常严谨和保守的态度,却又保留了如此大的适用空间,甚至还以"中国法律、行政法规规定应适用中国法律的其他合同"这样的适用范围不确定但是内涵与外延却相当广泛的兜底条款作为指引,留给司法实践部门在强制性法律规定适用范围上相当大的范围。这表明了我国担心万一适用过多涉外法律,会给中国经济和社会公共利益造成不良的影响,所以,就在司法解释上给更多种类的涉外民商事合同在必须适用中国强制性法律规定方面留给司法者可供自由选择的更大余地和更多空间。①

这样一来,虽然给我国法院更多的司法审判权力和审判上的法律依据,但国际层面上进行的司法实践,在具体案件中却容易招致其他国家对我国涉外法律适用的指摘,认为我国的司法审判实践中存在过多不适当的强制性规则的情形,这反而拘束了我国法院在具体审理案件时适用强制性规则的司法权,不利于这些扩大了的强制性规则在司法审判实践中发挥法律效力。

① 宋晓.当代国际私法的实体取向[M].武汉大学出版社,2004:267-268.

第八章 涉外法治体系建设下强制性规则的制度架构

2010年我国《涉外民事关系法律适用法》面世，随后最高人民法院《司法解释(一)》颁布，这两部规范性法律文件已经出台适用了十多年。这对于调整和解决我国涉外民事关系司法实践中所面临的法律冲突方面的适用问题，发挥着愈来愈重要的作用。我国法院对于强制性规则的依法适用，有效地维护了我国的国家利益和社会公共利益，并在国际社会也产生了良好的影响，配合着国际公法的适用，在处理国际关系和推进国际法治方面很大程度提升了我国的国际法治话语权，我国所提出的基于国家主权的人类多样文明发展权[①]也得到了国际社会的广泛拥护。

第一节 涉外民事关系法律适用法中引入强制性规定的法理基础

在我国《涉外民事关系法律适用法》中采用的是“强制性规定”的概念表述。然而通过仔细检视和比较就可以发现，我国《涉外民事关系法律适用法》中“强制性规定”的内涵与外延，与国际社会其他一些国家相应的法律规范的概念并不一样，其适用条件在《涉外民事关系法律适用法》中根本没有

①何志鹏.人权领域的文化冲突及其消解[A].中国人权研究会.文明多样性与世界人权事业的发展[C].五洲传播出版社，2021:37-44.

提及；我国关于强制性规则适用的唯一适用条件就是《司法解释（一）》中规定的涉及我国社会公共利益的情形。该适用条件也是非常抽象且非常模糊的，因为在我国关于社会公共利益的界定，到目前为止，法律上并没设置相应严格清晰的概念。在司法实践中如果遇到需要适用我国社会公共利益的范围进行审判，也主要是依据法官的自由裁量——即便这些相对简易的条款，这还是通过《司法解释（一）》的补充设定的；而适用范围也是通过《司法解释（一）》设定了五个特别领域，外加一个兜底条款，相对《涉外民事关系法律适用法》来说，给出了较为明确的法律界定。《司法解释（一）》中关于五个特别领域的适用范围，凸显了我国立法上在处理涉外民商事关系中，关于何时启用以及如何启动适用强制性规则所独具的特征。

一、基于国家主权让渡，适用外国民商法上的强制性规则

自改革开放以来，我国在不断实行推进社会主义法治建设的进程中，立法视角不断丰富开阔，立法手段更加先进科学，立法体系从法律条款的设计制定到法律适用，在很多方面都体现出了维护国家主权的原则。在涉外民商事法律规范的制定方面，也基本上遵循着把维护国家主权放在首要位置的原则性做法。

对含有涉外因素民事案件的处理，如果法院适用外国法上的强制性规则，实际上也意味着法院地国对于外国主权的态度，虽然这种态度是比较隐含的，但实际上还是体现出了法院地国在司法主权方面的对外让渡，也有学者将这种国家司法主权对外做部分让渡的做法称之为“国际礼让”，而将相互承认司法判决和执行的做法称之为司法互惠。[①]在一定条件下，我国也在推进依据国际私法上冲突规范的指引，通过适用外国法上的强制性法律规

① 王雅菡.“一带一路”建设下礼让原则在承认和执行外国法院判决中的可行性研究[J].河南大学学报（社会科学版），2017(5).

范来处理涉外民商事案件纠纷问题的司法实践。[①]从国家战略上来说，具体到适用外国法上强制性法律规范的意义，属于我国在坚持国家主权原则的基础上，在立法层面基于“国际礼让”原则对外做部分让渡的一种具体体现，也属于在相互尊重国家主权原则上对外实行的司法互惠。这在一定程度上有利于开辟我国对外深层次交往，扩大在国际社会上的交往范围。在国际司法实践中，我国法院在审理涉外民商事案件中适用外国法，实质上也是我国司法主权从尊重“国际礼让”原则的角度出发，在一定程度上同国外司法进行对等司法协作的一种具体方式。

随着我国社会主义市场经济的发展以及2001年正式加入世界贸易组织以来，我国在维护国家主权的前提下也不断地实施深入推进对外开放的国家战略，在国际私法规范的制定方面，也开始接受在一定条件下，可以根据冲突规范的指引适用外国法来处理一些涉外的民商事案件纠纷。我国2010年制定的《涉外民事关系法律适用法》首次设置了强制性规则条款，[②]但对于强制性规则的适用范围却并未给出明确具体的规定。为了弥补立法概括性之不足，最高人民法院发布了《司法解释(一)》。[③]

允许在一定条件下适用外国法，是国家主权原则在关于处理涉外民商事关系立法层面上进行让渡的一种体现，是为了开拓和发展我国的对外交往空间，在很大程度上有利于推动我国更广泛地参与国际经济活动，并更多地融入全球经济体系和国际市场大环境，也有助于培养孕育并促进国内市

①卜璐.外国公法适用的理论变迁[J].武大国际法评论，2008(02).

② 参见《中华人民共和国涉外民事关系法律适用法》第4条。

③ 同时还设置了兜底条款“应当认定为强制性规则的其他情形”，该兜底条款虽然为法官在遇到其他情况时行使自由裁量权提供了法律适用上的依据，然而何种情况可以界定为“应当认定为强制性规则的其他情形”，需要与前面的五种情况在程度相当。所以说该兜底条款其实又是不明确的。

场经济的更快、更好的高质量发展。

二、基于社会公共利益，对适用强制性规定的条件进行设定

我国在涉外民商事法律适用立法中，较早地采用了以符合社会公共利益为过滤器，来对适用国外法律规则的情形进行了适用范围上的设定。[①]由于我国立法中没有设置适用于涉外民商事关系的强制性规则，在司法实践中审理涉外民商事案件就只能以不得违反我国的“社会公共利益”作为判决依据。

2010年《涉外民事关系法律适用法》第4条明确作出了强制性规则适用前提的条款设计，即必须我国法律上设置了专门的涉外强制性规定条款。这样的立法设计有助于司法实践中明确国际私法上强制性规则适用制度和普通民商事立法中的强制性规则的概念区别和适用方式上的不同。《涉外民事关系法律适用法》中关于强制性规则适用制度的要求被限定在涉外民商事案件中，要求涉外案件必须依据第4条的规定和指引来适用国内相关的强制性法律规范。[②]

2012年出台《司法解释(一)》首次对强制性规则适用于涉外民商事关系的条件作出了规定，即“涉及中华人民共和国社会公共利益”，显示出是我国国际私法中强制性规则适用制度来源于维护社会公共利益的源与流的紧密关系。然而第6项兜底条款可能会使强制性规则的适用范围依旧边界不清、底线模糊，从而可能导致第6项条款被闲置起来，因而还需要进一步完善，使其在司法实践中可以像前面的条款一样发挥出规范涉外民商事活动的作用。因为像“其他应当认定为适用强制性规则的情形”，这种概括性表述的

① 如，1986年颁布的《民法通则》第150条规定：“依照本法规定适用外国法律和国际惯例的，不得违背中华人民共和国的社会公共利益。”

② 刘仁山.“直接适用的法”之理论与实践问题——兼评中国〈涉外民事关系法律适用法〉第四条[A]，中国国际法年刊[C]. 世界知识出版社，2012:438.

解释权只能是最高人民法院,并需要进一步清晰界定方能在司法实践中得以准确适用。一般法院的法官如果没有授权或者进一步的司法解释作为指引,无权作出"应当认定" 这类具有立法结论性的自由裁量。如果真有一般法院这样做了,将很可能会引起很广泛的社会舆论争议;如果给予基层法院或者中级人民法院可以作出像"应当认定为适用强制性规则的其他情形"这样裁判的权限,那么又有可能导致法官的自由裁量权过大而导致强制性规则依据该条款在司法实践中被扩张适用。所以在具体司法实践中,主要还是应该依靠前面五项规定来适用我国涉外民商事关系中产生法律冲突时需要适用强制性规则的问题。也就是说,《司法解释(一)》的前五项为我国国际私法上强制性规则的适用设定了明确具体的适用范围,使法院在适用强制性规则时在法律上有了明确可依的标准。

适用于涉外民商事关系的强制性规则绝大多数来自法院地国法,适用的目的是维护法院地国家的特殊利益,一般包括国家重大利益和社会公共利益。在应用国际私法规范处理涉外民商事活动的早期,各国在建构强制性规则适用制度时,一般都会赋予内国法上强制性规则排除当事人意思自治和双边法律选择规则的绝对适用效力,强调的是内国法上强制性法律规定绝对优先适用的法律地位。随着世界经济一体化和国际金融合作日益紧密的发展趋势,原先的以主权优位原则为价值追求的早期的传统国际私法的适用做法,已经与现代国际私法主张的平等选择内国法和外国法的普遍主义相背离。因此,强制性规则适用范围的设定应顺应当下国际社会经济发展和全球治理的需求,改变原先强制性规则在涉外民商事关系中的适用范围过于宽泛的情形。随着时代的发展,各国的社会公共利益的内涵也在渐渐地发生着变化,强制性规则优先于其他法律适用的做法(特别是在准据法的选择方面)应当更加严谨,其在适用于调整涉外民商事关系方面应属个别案例的特别要求，如果确实存在不适用强制性规则，那么在国家利益和社会公共政策方面就会出现受到减损的后果。动不动就以维护国家利益和社会公共政策需要作为理由而在调整涉外民商事关系中适用强制性规则的做法，已经不适用当前时代的国际法治需要，也不利于推进国家参与全球治理，而且对于促进国家更多地参与国际商事活动也会形成现实的阻碍。

第二节　强制性规定条款进入涉外民事立法的现实价值

长期以来，我们基于主权优位原则和维护国家根本利益的需要，对于涉外法律关系中的法律规范与国内法律适用中的规范一般并不进行细化和区分，基本以“适用中华人民共和国法律”的表述进行概括性规定。然而，涉外民事关系法律适用中的强制性规则，与民法中所涉及的强制性规则，从法律规范的内涵与立法价值角度来看，其实有着很大的不同。涉外民事法律关系中的强制性规则的内涵，基本与一个国家的国土安全和社会稳定等重大因素紧密相连。[①]为了将这些规范与民法上的强制性规则相区别，很多国家多把强制性规则制度称为“警察法”“干预规范”“直接适用的法”等。而国内法上的强制性规则的内涵，主要就是强调当事人必须遵守的义务，以及禁止当事人行使的行为，具体表现在排除当事人通过意思自治方式规避的法律适用。在我国国际私法学界强制性规则理论的研究史上，比较通用的说法是，最早引入使用的概念就是“警察法”[②]，此后研究者的观点，经过总结，在国际领域主要包括以下几种：“必须适用的法”“警察法”“空间受调节的规

① 例如，国家颁布的进出口限制规范、文物贸易限制规范等。

② 李浩培教授在1984年版《中国大百科全书•法学卷》中编写了“警察法”词条。参见中国大百科全书•法学卷编委会，中国大百科全书•法学卷[Z]. 中国大百科全书出版社，1984: 332–333.

范”“自我限定规范”“强制性规则”“优先条款”“干预规范”等。[①]

我国国际私法学理论界学者们也提出了各类理论观点[②],并针对提出的观点开展了不同程度和范围上的研究。其中,倾向于使用“直接适用的法”[③]和“强制性规则”这两个法律概念的学者较多。尤其是“直接适用的法”已经在国际私法学界得到广泛使用,并形成了一支相对庞大的专业性研究队伍。但在我国2010年制定的《涉外民事关系法律适用法》第4条中,立法者采用了“强制性规定”这一法律概念,沿用了我国立法传统中的习惯叫法[④],并与一些域外立法的称呼保持了一致[⑤]。

当然,当国内民法中所指的强制性规则遇到涉外因素时,同样还要受冲突规范的制约。也就是说,国内民法上的强制性规则的效力只能适用于调整国内民事行为,其并不能排除外国法的适用。

一、《涉外民事关系法律适用法》设定强制性规定专用条款

我国涉外民事关系中所指的强制性规则制度主要体现在2010年颁布的《涉外民事关系法律适用法》第四条的规定中。[⑥]该条规定的重要意义在于,

① 卜璐.国际私法中强制性规则的界定——兼评《关于适用〈涉外民事关系法律适用法〉若干问题的解释(一)〉第10条》[J]. 现代法学,2013(03).

② 包括但不限于强制性规则、即刻适用法、直接适用的法、自我限定的法、空间限定的法、功能限定的实体法、排除性规范等。

③ 在国际私法学界,更为学者广泛使用的是“直接适用的法”。参见徐冬根. 论“直接适用的法”与冲突规范的关系[J]. 中国法学,1990(03).

④ 我国最高人民法院《关于贯彻执行〈中华人民共和国民法通则〉若干问题的意见(试行)》第194条规定,“当事人规避我国强制性或者禁止性法律规范的行为,不发生适用外国法律的效力。”该规定中使用的是“强制性规则”的法律概念。

⑤ 如《罗马公约》第7条采用强制性规则(mandatory rules)概念,1987年的《瑞士联邦国际私法》第18条、第19条使用的是“强制性规则”(dispositions impératives)概念。

⑥《涉外民事关系法律适用法》第4条规定:“中华人民共和国法律对涉外民事关系有强制性规则的,直接适用该强制性规定。”

它表明我国在国际私法立法领域强制性规则适用制度的首次提出和正式确立,具有很强的实践价值和时代意义。《涉外民事关系法律适用法》是我国第一次在立法层面上明确提出了强制性规则概念及适用条件——即必须在我国法律体系中有明确的关于在涉外民商事关系中适用我国强制性规则的法律规定——并在随后的司法解释中明确了我国强制性规则在调整涉外民商事法律关系时的适用范围。《涉外民事关系法律适用法》是我国第一部为调整涉外民商事关系而专门制定的国际私法。这在我国国际私法的发展和完善方面,具有划时代的意义,更是我国国际私法立法发展的重要里程碑。随着我国际私法以及国际私法上包括强制性规则等在内的重要法律制度在国际私法司法实践领域的适用和进一步发展,我国的国际私法体系和该体系内的重要法律规范必将得到更进一步的完善,使我国的国际私法立法体系与司法实践逐渐步入世界先进的法治国家之列。

首先,《涉外民事关系法律适用法》在第4条中首次提出强制性规则的概念。为我国在国际私法上涉外民商事中的强制性规则如何适用确立了标准规范和法律依据,解决了司法实践中处理涉外民商事关系需要依据冲突规范进行法律选择时,强制性规则在具体案件中的适用问题。我国强制性规则的制定以及《涉外民事关系法律适用法》的出台,显示了我国国际私法立法上强制性规则制定从无到有、从模糊到清晰的立法进程。

这与之前在国际私法学界广泛使用的"直接适用的法"的概念相比,无论从特性还是从作用来看,都具有很高的相似性,但是我国的立法者采用了"强制性规则"的概念。有学者提出,中国现行法中有关强制性规则制度完全可以作为"直接适用的法"予以适用。[①]

① 黄进,姜茹娇.《中华人民共和国涉外民事关系法律适用法》释义与分析[M].法律出版社,2011:24.

其次，关于强制性规则的制度设计。将强制性规则放在《涉外民事关系法律适用法》的"一般规定"部分(基本相当于一部法律的"总则"部分)。将强制性规则放在"一般规定"部分，是把强制性规则的适用与国家利益和社会公共利益相结合，对于在涉外案件法律选择中，必须选择中国法律规范上的强制性规则的适用机制，体现出的是以维护中国国家利益和社会公共利益为目的，这同时也显示出了我国科学立法方面的价值所在，以及在立法技术上的重大进步。

再次，强制性规则的适用在《涉外民事关系法律适用法》中首次以正式法律规范的形式面世，并成为我国国际私法上的一项重要制度，这对于我国国际私法体系建设，具有里程碑意义。然而，该项制度仅用一则条文进行规定，内容非常概括抽象，而且也显得有些单薄，概念的内涵与外延也都不具体和明确。虽然最高人民法院已经颁布了《司法解释(一)》来具体规范国内法院对于涉外民商事案件的审理，但鉴于涉外民商事案件的复杂性且案件的审理必然情形各异，现有的涉外法律适用规范应该还不能充分满足我国涉外经济快速发展的需要。今后立、司法部门还需要出台更多更加详细精准的立、司法解释或补充性规定来指引涉外案件中强制性规则的具体适用范围和适用方式。

二、《司法解释(一)》为强制性规定的具体适用指供准确指引

《涉外民事关系法律适用法》面世后，随后出台的《司法解释(一)》成为我国法院审判涉外民商事案件的重要法律依据，特别是《司法解释(一)》对强制性规则的适用方式、方法和适用范围都作出了明确界定，对我国法院正确处理和调整涉外民事关系起到了精准指导的作用。[①]

---

① 高晓力.最高人民法院〈关于适用《中华人民共和国涉外民事关系法律适用法》若干问题的解释(一)〉解读[J]. 法律适用，2013(03).

相比在《涉外民事关系法律适用法》出台前,法官在审理涉外民事案件时,由于缺乏相关的法律规定作为审理案件的支撑,而不得不将《民法通则》第150条中关于公共秩序保留的规定和《民法通则》第194条中对法律规避制度的规定认定为强制性规则进行适用,用来作为排除其他国家法律适用的法律依据。这其实是混淆了强制性规则与其他法律制度在法律属性方面的根本差异,但也是法院确实没有办法的无奈之举。

《司法解释(一)》的颁布,有效补充和具体化了《涉外民事关系法律适用法》第4条关于强制性规则适用方面的概括性规定,特别是让强制性规则的适用条件和适用范围变得明确、具体。《司法解释(一)》的颁布为涉外民商事关系中的当事人和法官提供了更加明确的法律指引,并对法官在审判过程中适用强制性规则和选择涉外法律适用的自由裁量权进行了适度的限制。

第三节　涉外民商事关系中强制性规则的价值实现方式

虽然涉外民事关系法律规范出台的适用,为我国融入国际法治和全球治理提供了契机和策略,并且也为维护我国主权(特别是在通过依据国际法理强制适用维护我国国家利益和社会公共利益的强制性规则方面)发挥出了很大的作用。总体说来,我国对于国际法律规范适用的广泛程度和精准发挥的作用还远远不够。尤其是在当前尚未出台系统化的国际私法法典,仅凭一部涉外民事法律适用的单行法和一部司法解释的情况下,推进我国涉外民事法律规范的适用,尤其是推进我国涉外强制性规定的适用,路径仍然没有打开,尚需要理论与实务界进行广泛与深入的探索。如何在结合我国国情与所面临的国际、国内形势下,走出一条适合中国发展模式、具有中国特色的涉外强制性规则的适用路径,同时在坚持人类文明多样化的语境下同世界各国加强司法领域的合作,在维护我国及世界各国自身主权的基础上，推进国际社会法治建设和全球和平治理，最终实现人类文明和各国国家利益的共同体。

一、关于涉外民商事法律规范中强制性规则的适用

（一）《涉外民事关系法律适用法》中强制性规则的条款适用

《涉外民事关系法律适用法》是我国第一部针对国际私法领域（涉外民商事领域）的法律适用冲突作出的如何依据冲突规范的准则进行法律选择和司法适用的法律。该法第4条明确规定了在处理涉外民商事法律关系中必须适用中国法的基本前提条件，即必须是我国法律对需要处理的涉外民事关系案件有着明确的强制性规定。如果把这句话分解成几层意思，笔者认为需要这样理解。

第一，准确理解“法律对涉外民事关系有强制性规定”中“法律”一词的概念范围。依我国《涉外民事关系法律适用法》第4条的规定，能直接适用的必须是“中华人民共和国法律”中的强制性规则。关于该条中提到的中华人民共和国“法律”一词的表达方式，也在学者中引发了不少的争议。“法律”这一表述是否仅指全国人大及其常委会制定的全国性法律文件——即狭义上的法律？“法律”一词的内涵释义除了包括全国人大及其常委会制定的法律之外，能否包括行政法规、地方性法规、部门规章、地方政府规章以及相关职能部门发布的可以反复适用的规范性法律文件，如各种管理办法，条例等？然而，从现已废止的《合同法》的条文规定来看，其中很多处也使用了“法律”这一术语，但在当时“法律”这一术语指的就仅仅是全国人大及其常委会制定的规范性法律文件。

依笔者浅见，此处《涉外民事关系法律适用法》第4条规定的是冲突法制度，其措辞的内涵应当放在冲突法的语境下来理解。因此，这里的“中华人民共和国法律”重点强调的应是“中华人民共和国”这个限定国别的定语，而

不是“法律”这个中心术语。其所表达的意境应理解为，应当强制性适用“中华人民共和国”这个国家的规定的法律制度上的强制性规则，而不应当适用依照冲突规范确定的准据法或者依照当事人的意思自治选定的其他国家的法律规则。对于具体到需要强制性适用的法律规范的位阶，并不是此处立法者所强调的重点内容。

结合当前国内外形势以及基于涉外法律适用的特定语境，笔者认为，我国《涉外民事关系法律适用法》第4条设定的强制性规定条款，强调的主要是“强制性规定”和“直接适用”这两个关键点，而且，除了适用我国强制性规定的涉外条款之外，再也没有任何其他选项可供选择。至于具体到法律适用方面，到底需要如何定义强制性适用法律规范的位阶，可以由后面的司法解释来完成，并不是此处立法者所强调的关键内容所在。

但无论如何，在未出新的司法解释对此处“法律”的位阶进行界定之前，笔者所坚持的观点是，对于这里的“法律”位阶的理解，依照目前的国内立、司法环境和推进涉外法治建设的需要，应该作狭义的理解，即只能包括全国人大及其常委会制定的法律，最多可再涵盖国务院制定的行政规章①，但不应该包括地方性法规及部门规章，也不应该包括地方各级人民政府制定的规章。而其他机构制定的可以反复适用的规范性文件，因其位阶更低，则更不应当包括在适用于用于调整涉外民商事关系的“法律”的概念之内。

第二，对于强制性规则适用条件“有强制性规定”的理解。依据《涉外民事关系法律适用法》第4条，“中华人民共和国法律对涉外民事关系有强制性规定的，直接适用该强制性规定”。对于强制性规则适用条件“有强制性规定”的正确理解是，必须在中华人民共和国法律中有明确的规定。即这种法

① 最高人民法院通过《司法解释（一）》对我国“法律”一词的概念范围进行了扩张解释。

律上的明确规定不能模糊抽象。比如,不能是“原则上”“需要”“原则上必须经过”“一般情况下必须”等字样。因为此类字样并不明确,不符合《涉外民事关系法律适用法》中关于强制性规定的适用条件。

第三,直接适用强制性规则并不包括中华人民共和国法律之外国家的法律。比如,准据法所属国、第三国法律规范上的强制性规则,由于都是外国法上的规定,所以这些规定并不属于《涉外民事关系法律适用法》中的明确规定(即必须是我国现行法律规范上有明确规定的强制性规定条款,才属于必须适用中国法的基本前提条件的情形)。所以,当我国法院在审理涉外民商事案件时,如果依当事人“意思自治”原则选择或者依冲突规范援引准则,最终确定的准据法是外国法上的强制性规则,就未必能够得到我国法院的认可和支持。

第四,强制性规则的条款中必须有对该涉外民商事关系“强制性适用”的字样。具体来说,强制性适用的字样可以体现为“必须”“严禁”“禁止”等具有强制要求的明确的字样或条款规定。反之,如果法律条款中的规定为“可以直接适用”的字样,就难以在我国法院的审理过程中得到强制性适用。因为,“可以”一词意味着司法者有着选择适用但也有不选择适用该法律规则的自由裁量的权力,同时,这也意味着当事人有要求不直接适用强制性条款而要求适用其自行选择的准据法的权利。正是因为缺乏“必须强制性适用”这样的条款规定,故而“可以直接适用”的条款,就成为缺乏司法上的法律适用依据而失去了必须强制适用的机会。这也是我们在国际司法实践中所需要特别注意和避免的情形。

第五,我国法律规范上的强制性规定必须明确是专门针对“涉外民事关系”所作的强制性规定,如果没有“涉外民事关系”这几个字样的法律规范,哪怕该国内法上的法律规范确实是强制性规定,但也只能强制性适用于调整国内的民商事关系，而不用适用于调整“涉外民商事关系”。

(二)最高人民法院《司法解释(一)》中强制性规则的解释适用

2012年12月，最高人民法院《司法解释(一)》出台，对我国法院在处理涉外民商事法律关系中何种情况属于《涉外民事关系法律适用法》第4条“直接适用强制性规定”的情形作出了明确的司法解释，同时对于启动适用《涉外民事法律关系适用法》第4条的适用条件和适用范围作出了具体界定①——这就可以理解为，我国法院在审理涉外民商事案件中是否启动适用强制性规定的必要性与可行性进行审查时，对于我国国际私法上强制性规则的适用条件和适用范围目前只能依据《司法解释(一)》的规定来执行。即，目前情况下只有《司法解释(一)》中划定范围内的涉外案件的审理，才在是否适用强制性规则的考虑范围之内，也才有可能在司法实践的法律适用中排除当事人依意思自治或依冲突规范选定的外国法律。这种理解方式，在国际私法学界和司法实践中基本没有争议。需要理论界和司法实务界进一步研究和探讨的是对于“应当认定为强制性规则的其他情形”的外延范围该如何界定。这种“应当认定”的情形的裁量权还需要以后更加详细的司法解释进行限制或补充完善。在具体个案中，一般情况下法院或者法官很少会适用，也不愿意探讨是否适用“应当认定为……的其他情形”这样的兜底条款来审判案件，主要是因为在审理过程中“应当”与“其他情形”的度，确实不好把握。一是担心需要上审判委员会讨论，而且经过讨论后，由于大家都缺乏相关的理论支撑与实践经验，也未必能够讨论出明确清晰的结果；二是如果通过内部请示上级法院法官的方式，来作出案件实体特征是否符合“应当认定

① 适用条件必须是涉及中华人民共和国社会公共利益；适用范围必须涉及劳动者权益食品或公共安全，环境安全，外汇管制等金融安全，反垄断、反倾销五个领域以及“应当认定为强制性规则的其他情形”。

为强制性规则的情形”，对于一些在定性方面和实体特征上模棱两可的案件，上级法院的法官也往往难以给出明确的答案，更何况此类做法也有法律风险——涉嫌违反现行法官办案的"三个规定"——依据法院独立审案的规则要求，也不允许其他的案外人(包括其他法官或领导)打听或干预不归自己审理的案件；三是一旦作出的判决出现失误造成错案，办案法官将可能会被追究责任，除了办案法官需要承担办错案件的责任，法院的考核可能也会受到影响。所以，基于立法、司法现状，设置兜底条款的意义，往往不是在当下，而是为以后修订法律时留下余地，或者在确实出现需要适用兜底条款来审理重大、复杂案件时，经向最高人民法院请示和最高人民法院回复(比如，该案属于“应当认定为强制性规则的其他情形”的情况)，该兜底条款就派上了用场，成为在必须适用时的法律依据。学者们都认为最高人民法院应当尽早出台对于兜底条款外延的具体的范围界定，以限制和明确指导司法实践中审判人员的自由裁量权，以确保他们审判的案件质量经得起法律上的反复推敲和历史的检验。

当前，《司法解释(一)》第10条的价值是，为各级人民法院的审判人员在审理涉外案件遇到需要具体适用国内法律上的强制性规则时提供了程序上的指引。首先，审判人员需要确定该案件是否符合适用强制性规则的前置条件，即是否案件的性质涉及了我国的“社会公共利益”[①]。如果确实符合适

① 注意，此处的用语是“社会公共利益”，并不是“国家利益和社会公共利益”。实际上，我国立法上缺乏对“国家利益与社会公共利益”的认定，导致这两个概念无论在日常生活还是在严谨的司法认定中都处于模糊不清的地位。学术观点各异且不具有司法上的适用效力，导致司法实践中对于减损国家利益的准据法也注定会被法院排除适用。虽然国家利益与社会公共利益是两个不同的概念，而且国家利益的概念尚未进入立法，但从国际私法学原理上讲，减损国家利益的行为，最终必定也会减损社会公共利益，这也是符合相关法律逻辑的。参见陈廷辉.国家利益与社会公共利益的认定——以环境公益诉讼为视角[J].人民检察，2020(1).

用我国强制性规则的前置条件,适用当事人自行选择或者依冲突规范援引选定的准据法会影响我国的社会公共利益,那么,就需要分析是否案件的法律关系属于限定在上述《司法解释(一)》中所规定的五种法律关系的范围之内。否则,就不能直接适用我国国内法上的强制性规则,只能适用依照国际私法冲突规范援引或者当事人自行选定的准据法。

在一些特别领域适用强制性规则,排除了当事人事先通过"意思自治"原则约定而选定的法律。国家的这种做法,其实是通过使用公权力干预当事人私权利的行为。严格来说,国家通过公权干预民间私权的行为,并不符合现代社会市场自由交易的特征,也不利于一国经济融入全球经济一体化的发展,尤其是当国家以公权力排除了当事人自由选择的法律之后,这样无论最终的判决结果怎样,对双方当事人可能都会造成无法弥补的伤害——公权力过多干预私权力自由的国家的商主体的业务发展必然会受到影响。这对法院地国的经济发展,甚至也会在一定程度上形成市场要素自由交流的阻碍。国家不但在进入干预角色之前会进行充分的后果考虑,而且在进入之后所有启动的程序和所实施的行为都是很小心、很拘谨的,而强制性适用的条件当然也是非常苛刻的。在我国,只有当发生了如果不强制性适用中国法律的规定,就会影响到中国的社会公共利益这样的情形,国家才会进行干预,排除当事人事先约定或者依冲突规范选择的法律。

仔细审视依据《司法解释(一)》第10条的规定,就会发现,最高人民法院将《涉外民事法律关系适用法》第4条规定的法律的外延作了相当程度上的扩张解释——《司法解释(一)》扩展了可以适用强制性规则的法律规范的概念外延部分,即除了可以直接适用我国专门针对涉外民事关系制定的"法律"(由全国人大及其常委会制定)之外,还可以适用由国务院针对涉外民事关系专门颁布的“行政法规”。[①]

然而,在涉及需要强制性适用涉外民商事关系的相关法律和行政法规规定,特别是当在《司法解释(一)》规定的五个领域内发生符合需要强制性适用我国法律或行政法规的民商事案件纠纷时,应当适用哪些法律规定和行政法规呢?在这方面却尚未有具体明确的法律规定作为法院审理涉外案件的法律依据或法理支撑。针对现在一些抽象而模糊的概括性的法律规定,该如何完善立法或者作出怎样的司法解释来具体指导司法者准确适用民商事法律关系适用法中所确定的那些强制性规则呢?

二、扩充国际统一实体规范中强制性规则的适用

由于统一实体规范具有国际社会统一适用的特点,[②]无论对于强制性规则来说,还是对于普通的任意性规范来说,其都不用像冲突规范那样,首先需要确定太多的因素,如连结点、最密切联系原则、是否存在当事人依“意思自治”约定的准据法等,然后再根据这些因素来确立选择适用的准据法。如果最终又发现适用本应适用的准据法,又会涉及一国的国家重大利益或者社会公共利益,那么该准据法则无效,法院前期的工作白做了(但又是必须要做的,否则就无法确认引用的准据法是否会涉及一国的社会公共利益),这时法院就只能转而适用该国在涉外民事关系方面关于该案的强制性规则。那么,法院是否能找到专门针对该案特征作出强制性规则的法律条款,在司法实践中往往又是一个难题。一般情况下,法院可以到找到相关的国

①行政法规是我国广义法律规范中的一部分。依照《涉外民事法律关系适用法》的规定,只有涉及“中华人民共和国法律”对涉外民商事关系存在强制性规定的情形才可以强制适用我国法律上的强制性规定。从严格意义上来说,由于国务院制定的行政法规,显然并不属于“中华人民共和国法律”的这一位阶,因而行政法规不应当属于《涉外民事法律关系适用法》中关于“中华人民共和国法律”的法律范围的设定。

② 杨树明,曾文革.论统一实体法规范[J].现代法学杂志,1999(1).

内法上的强制性规则，但是如果非要确认国内法上的该强制性规则是专门针对涉外民事关系所制定的强制性规则，在司法实践层面，就目前的现实情况来讲，还是存在着一定的难度。由于法律自身的特点，需要稳定性，不宜朝令夕改。长期以来的我国立法就遵循了立法"宜粗不宜精"的原则，这样就可以把随着时代发展而会发生变化的法律规制内容交给了最高司法机构用司法解释的方式，来指导不断发展的国内外形势下的国内外经济纠纷的法律适用。这样就可以避免出现立法机关的反复修法的现象。

而在存在统一实体规范可以适用的案件中，根据涉外案件的特点，就可以针对案情来直接选择可以适用涉外法律规范——包括含有强制性规定的统一实体法律规范条款。可以看出，统一实体规范有着冲突规范所无可比拟的优点和真正可以"直接适用"的特点。国际社会上的统一实体规范才真正是与国际冲突规范相平行的两种调整涉外民商事关系的国际私法规范（而不是"直接适用的法"）。然而，虽然统一实体规范具有这么多的优点，其存在的缺点也不少。目前已经形成的统一实体规范数量实在是太少，还不能满足国际发展民商事经济交往的需求，而且统一实体规范所能解决的往往也大多数是属于民间基于经济（即财产分配）方面的纠纷，而对于身份方面的确认，大多数还需要适用冲突规范来选择一般准据法或者强制性规则的方式来确定法律适用问题，进而解决基于身份关系的法律纠纷。

我国实行改革开放政策以后，一系列的改革开放措施大大促进了国内、国际市场经济的发展。市场经济的不断开拓，也推动和要求社会主义法治建设和法制体系不断走向完善。随着我国参与的国际经济交往事务越来越频繁，我国用于调整涉外民商事关系的法律条款也不断通过立法加以补充和完善。这使得我国国际私法的发展不断与国际社会接轨，不但在理论上为世界国际私法体系的发展和丰富作出了贡献，而且在国际私法实践中亦获得了国际社会的普遍认可。中国国际私法获得了新的发展机遇和动力，专家学者对国际私法的理论研究热情空前高涨，不但立法进展迅速，司法实践和理论研究也取得了丰硕的成果。

我国当前的法律体系，以社会主义文化价值观和道德传承为支撑，为人民群众和社会主义法治建设服务。然而，我国的社会民众的法治思想（包括大量的基层干部）毕竟还是会感受到因受几千年长期洗礼的传统文化的冲击，一些与当代社会主义法治精神存在紧张关系甚至冲突的价值观，在法治层面上，也还仍然存在，甚至还会成为当代社会主义法治建设的障碍。[①]这就使得我国在发展和完善社会主义法律体系进程中，遇到的阻力变大变多，中央出台的一些好的政策和法令，到了地方上却产生了异化。为了监督地方工作务实防止流于形式，要求工作留痕，结果又出现一些部门和干部成天忙于造表应付上级检查的局面。出现这些问题并不是中央政策出现了问题，而是传统文化中“对上应付，对下欺骗”的封建政治余毒所致。如果这种情况长期得不到根本的防治，势必严重影响依法治国和我国社会主义法治建设的质量和进度，对于我国快速发展涉外经济和营造法治化的营商环境也会产生相当不利的影响。十八大以来，对于传统文化中的负面因子中央花大力气进行了整治，我国的法治环境进步很大，依法治国的法律氛围萦绕在老百姓的身边。但是我国出台的法律依然需要将现代文明与传统文化相结合，特别是要与传统文化中的优秀因子相结合。

可以说，发展中的中国国际私法已经成为中华民族进一步推进国际经济民事交往和构建国际民商新秩序的重要法律工具。通过国际社会立法实

①比如，在一些偏远的农村由于受现代法治精神的辐射影响较少，至今仍然存在着嫁出去的女儿不能继承遗产的基于其朴素价值观的错误认识，直到发生了财产继承纠纷，案件进了法院才弄清楚现代法治的精神和现行法律规定的内容。

践的比较可以得出结论，中国国际私法不但在国内立法层面形成了多层次的法律结构，在国际渊源方面有了迅速的发展，而且已经确立了调整国际民商事关系和国内市场经济的基础性法律地位。加快推进国际分工与合作，不断扩大国际经济技术交流，一系列国内自贸区的成立与建设，必然要求规范涉外民商事关系并可以现实解决涉外法律选择与适用的国际私法制度的不断健全和完善，逐步使我国国际私法制度与国际社会法律的普遍实践走向趋同化。

第四节　我国涉外民事强制性法律规则的制度完善

《涉外民事关系法律适用法》和《司法解释(一)》，在文义方面存在着一些相抵触、相冲突的条款，故而导致司法实践中审判者难以驾驭其准确性，法律的适用也难以统一。如果不对其进行修改和完善，则很容易导致国际司法实践中发生对于涉外民商事案件的审理不规范，审判结果和法律适用不统一、不协调，甚至出现“同案不同判”的审判结果的现象。

一、细化涉外民事关系中强制性规则的适用范围

我国在《涉外民事关系法律适用法》中采用了“强制性规定”的表述，这对于国内法院如何适用强制性规则来审理涉外民商事案件，以及国内法院在处理涉外法律关系时对于强制性规则的范围，从立法层面给出了明确的法律概念及法律概念适用条件的界定。然而，对于在何种情况下，我国法院在司法实践中可以适用外国法上的强制性规则，却并没有给出明确性的立法规定或法律解释。

(一)明确“对涉外民事关系有强制性规定”条款的外延范围

《涉外民事关系法律适用法》第4条规定有“对涉外民事关系有强制性规

定的"的,直接适用"该强制性规则"的描述。[①]但是究竟目前哪些法律属于对涉外民事关系有强制性规定的情形,《涉外民事关系法律适用法》第4条中没有进一步的说明,这导致此处有关于"涉外民事关系的强制性规定"这一概念的外延不够详细具体,《司法解释(一)》中对此也没有详细阐释其外延究竟都涵盖了国内法上的哪些条款。[②]这必然会导致司法实践中在审理涉外民商事案件时对于国内法上"强制性规定"的引用过于迷茫,不好拿捏,要么,只要看到是国内法上的强制性规定,就一律拿来适用于涉外民商事关系的审理;要么因为不好辨别,对于拿不准是否应当适用于涉外民商事关系的案件审理,而回避了本应适用的我国国内法上的强制性规定,结果必然就会对我国的社会公共利益造成一定的不良影响,而且还会对后面的同类或近似案件的审理形成不良指引。

《司法解释(一)》中,对于《涉外民事关系法律适用法》第4条关于"强制性规则"规定外延的唯一也是最大的突破就是对于"中华人民共和国法律"的外延进行了延展,即除了立法机关依法定程序出台的狭义上的法律之外,还把国务院制定的行政法规的条款规定中的强制性规则也作为"中华人民共和国法律"涵盖的内容加入了"直接适用"于涉外民商事案件的序列。这其实是对本来只有对涉外民商事法律关系"有明确的强制性规定的"才能直接适用于涉外民商事案件,在一定程度上法院审理涉外案件时可以适用强制性规定的法律规范的范围进行了"立法性质"上的扩张解释。

由于《涉外民事关系法律适用法》第4条原文表述是我国法律对"涉外民事关系有强制性规定的",才能直接适用该强制性规定。这样一来,我们在涉外民商事案件纠纷的法律适用中,并不能选择那些仅仅是国内法上的强制性

①涂广建.解读我国《涉外民事关系法律适用法》[J].时代法学,2011(02).

②尹雪萍.论涉外民事关系法律适用法中的弱者利益保护[J].河北学刊.2011(06).

规则，基于法律的明确性和被动适用性，只有国内法上那些明确是对关于“涉外民事关系”所作的强制性规则的法律条款，才能被直接适用于调整涉外民商事案件纠纷。[①]如果仅仅是国内法律上一般的强制性规则，则不能直接作为调整涉外民商案件纠纷的法律进行适用，并以此作为作出判决的法律依据。

在对涉外民商事案件纠纷的处理上，我们对于法律的选择适用还是相当谨慎的，不能只要是国内法上的强制性规则，就可以适用于涉外民商事法律关系。否则，不但容易混淆了国内与涉外业务在适用法律上的区别，而且也极易引起国内司法机关对于涉外民商事案件在强制性规则适用上的误解、误用、滥用。

在强制性规则的涉外适用方面，为了表述方便，我们且在此用“专门性涉外规定”（即《涉外民事关系法律适用法》第4条关于“对涉外民事关系有强制性规定的”）和“非专门性涉外规定”（即国内法上一般的强制性规则，并没有明确是否针对涉外民事关系作出的规定）。在我国目前国内法存在着“专门性涉外规定”和“非专门性涉外规定”两种形式的强制性规则的情形下，司法机关在审理涉外民商事案件时，需要注意和区分上述两种不同形式的强制性规则。只有专门针对涉外民商事案件作出的强制性规则，才能够直接适用于涉外民商事案件的处理，而对于“非专门性规定”形式的强制性规则，即只是规定了对于国内民商事纠纷进行处理时即进行强制性适用的法律规范，是不能直接适用于处理涉外民商事案件的。关于这一点，无论对于国际私法学界还是审理涉外民商事案件司法实务界，是需要提醒和注意的。

（二）严格释义“涉及中华人民共和国社会公共利益”规定的内涵范围

根据《司法解释（一）》的规定，如果要认定为某一涉外民商事纠纷，属于

①洪莉萍．中国《涉外民事关系法律适用法》评析[J]．中国政法大学学报．2012(05)．

《涉外民事关系法律适用法》第4条规定的情形，则需要首先确定的一个因素是，该案件涉及或影响到了中华人民共和国的社会公共利益。这是《司法解释(一)》第10条对于启动适用《涉外民事关系法律适用法》第4条规定的强制性规则的必要条件。[①]也就是说，如果某一涉外民商事案件存在着当事人选择的准据法是适用外国法上的法律规范，或者是依照冲突规范适用准据法国的冲突规范，甚至还可以适用第三国法上的强制性规则(这一点，如何适用，我国目前法律上暂无规定)，但是都不会涉及我国的社会公共利益，就不能认定为是属于《涉外民事关系法律适用法》第4条规定的情形。当然，也就不能启动适用我国法律上对于涉外民商事案件的强制性规则。

然而，需要学者们思考同时也是摆在法官面前的一个难题是，究竟什么样的行为或后果才算是涉及我国的社会公共利益？在当下我国，社会公共利益一词虽然并不陌生，甚至每一位学者或者立法者、司法者或者普通百姓都可以举出一堆的例子，但是在适用法律来解决纠纷中，尤其还是适用法律适用法来解决具有涉外因素的案件，对于涉及我国的社会公共利益的认定，就需要特别的严谨和审慎了。这时就产生了一个新前提，那就是对社会公共利益性质的内涵与外延应当进行严格释义。在内涵释义方面，要确认清楚什么性质的行为才属于涉及我国社会公共利益的行为；在外延范围方面，要界定或者划出哪些情形下的行为可以认定为属于涉及我国社会公共利益的情形的范围。

综上，对于我国《涉外民事关系法律适用法》第4条强制性规则的启动条件才会相对明确，才会让司法者相对容易地把握何时、何种情况下应当启动“直接适用”上述条款的开关——当然，通过上述分析可以看出，这种“直接

①杜涛，肖永平.全球化时代的中国民法典:属地主义之超越[J].法制与社会发展，2017(03).

适用”是相对的,是相对于那些需要在冲突规范准则的指引下进行复杂的选法过程才能确定应当适用的准据法或者某第三国法律的“间接”适用方式来说的。这种“直接适用”与国内纯实体规范上法律的直接适用,显然还是有着很大的不同的。

二、修正涉外法律适用方面存在冲突的法律条款

在我国《涉外民事关系法律适用法》第43条对于涉外劳动关系案件纠纷的法律适用中,明确规定了应当强制性适用的准据法规则,即“劳动合同,适用劳动者工作地法律”。[①]这时,当我国的劳动者在东道国发生劳动纠纷,而在其回国后在我国法院提起诉讼或者在我国的仲裁机构提起仲裁,那么就在选择适用的法律时就应当适用其在国外工作地的法律,这时就是适用外国法。[②]我国最高人民法院《司法解释(一)》第10条第1款中设置了属于强制性规则的“涉及劳动者保护权益的”条款,这一条款对《涉外民事关系法律适用法》中关于劳动者保护权益的法律适用,又以适用我国强制性规定[③]的形式,规定为适用我国法律。从理论逻辑上来讲,该条款与《涉外民事关系法律适用法》第43条关于“劳动合同领域”的特别规定,产生了矛盾和冲突。具体在司法实践中应该如何适用,实际上又给司法者出了难题。

(一)逻辑关系上分论应受总论的制约

一般来说,一部法律是存在着总论与分论的逻辑层次。从总论与分论的逻辑层次来看,《涉外民事关系法律适用法》第43条的规定是对于涉外劳

①参见《中华人民共和国涉外民事关系法律适用法》第43条:“劳动合同,适用劳动者工作地法律;难以确定劳动者工作地的,适用用人单位主营业地法律。劳务派遣,可以适用劳务派出地法律。”

②2015年中国国际私法司法实践述评[J].中国国际私法与比较法年刊.2016(00).

③ 郑佳宁,金艺海.加拿大魁北克国际私法评析——兼论中国《涉外民事关系法律适用法》之完善[J].比较法研究.2015(04).

动合同这一特别领域的关于涉及适用外国法律的专门规定。

根据我国法律的立法逻辑,虽然在具体案件中特别规定应该优先于一般规定,但是分论是需要遵守总论的要求并受其拘束的,即在一部法律的内部,总论对其分论是有着拘束力的。例如,《中华人民共和国刑法》(以下简称《刑法》)中的"但书"条款,无论多么符合分论中的入罪条件,但如果是"情节显著轻微,危害不大的",都不会被认为是犯罪。"但书"条款也成为我国《刑法》中总则限制分则的重要典型条款。同样,《民法典》总论中也有不少条款,也都构成对分论的制约。例如,第7条关于诚实信用的规定:"民事主体从事民事活动,应当遵循诚信原则,秉持诚实,恪守承诺。"即如果一方违反了诚实信用原则,那么就构成了欺诈性的行为。由于欺诈性的行为不属于《民法典》上合法的民事行为,故欺诈性的行为不具有生效的法律效力,不受法律保护。可见,我国《民法典》总论上的该条法律规定,对后面分论部分的所有法律条款,也都具有指引和约束效力。

如果单从法律逻辑上来看,《司法解释(一)》是对《涉外民事关系法律适用法》第四条强制性规则适用范围的明确化。然而,作为一般规定部分(相当于总则部分)的第4条和作为专门规定部分(相当于分则部分)的第四十三条之间的关系应该是属于一般规定与专门规定的关系,是总体要求与具体要求的关系。《涉外民事关系法律适用法》第4条作为一部法律的一般规定部分,作出的关于《涉外民事关系法律适用法》的强制性规则适用范围的要求,应该具有驾驭整部《涉外民事关系法律适用法》中关于强制性规则如何适用的法律职能。①

强制性规则作为国际私法上的一项基本法则,已经形成了广泛的适用

①梁慧星.《中华人民共和国民法总则(草案)》:解读、评论和修改建议[J].华东政法大学学报.2016(05).

基础。《涉外民事关系法律适用法》第43条是对特别领域的某项关系的专门规定，看起来是作了强调的作用。在涉外司法实践中，如果适用《司法解释(一)》第10条规定的“涉及劳动者权益保护的”，就属于“应当认定为《涉外民事关系法律适用法》第4条规定的强制性规定”的情形，[①]这就会与《涉外民事关系法律适用法》第43条针对劳动这一特别领域的专门规定“劳动合同，适用劳动者工作地法律”产生司法适用上的矛盾。这时，应当适用《涉外民事关系法律适用法》第43条，还是适用《涉外民事关系法律适用法》第4条的司法解释？这无疑衍生出了在涉外民事关系的法律适用中，强制性规则的适用无法统一与协调的抵触局面。[②]

从《涉外民事关系法律适用法》第43条的规定“劳动合同，适用劳动者工作地法律”来看，如果遇到涉外劳动关系中我国的法律主体(如出国打工者)是输出劳动一方的案件时，就涉及“劳动者工作地”在国外的情形。这时，就会出现“适用劳动者工作地法律”，即适用外国法的情形[③]。但如果出现适用外国法会违反关于中国的社会公共利益的强制性规定[④]，则又会回归到强制适用中国法上的强制性规定的情形这样一个法律选择的过程。[⑤]

如果从涉外合同的立法角度上来看，合同的基本原则是给予当事人意

---

①参见《司法解释(一)》第10条的规定：有下列情形之一，涉及中华人民共和国社会公共利益、当事人不能通过约定排除适用、无需通过冲突规范指引而直接适用于涉外民事关系的法律、行政法规的规定，人民法院应当认定为涉外民事关系法律适用法第四条规定的强制性规则：(一)涉及劳动者权益保护的……

②梁慧星.《中华人民共和国民法总则(草案)》:解读、评论和修改建议[J],华东政法大学学报.2016(05).

③这种情况是适用《涉外民事关系法律适用法》第43条的规定。

④刘仁山.《民法总则》对《法律适用法》的回应与启示[J].政法论坛.2019(01).

⑤这种情况是适用《中华人民共和国涉外民事关系法律适用法》第四条的规定以及最高人民法院《司法解释(一)》第10条第1款规定的情形。

思自治的权利,劳动关系合同也不应排除在外。但是基于我国法律上的弱者保护原则,哪些情况属于适用外国法的情形需要在立法层面上予以明确。毕竟,适用劳动者的工作地的法律是否会涉及中国的社会公共利益,[①]属于我国立法规定中明确规定了是否需要强制性适用中国法的依据。虽然,"涉及中华人民共和国的社会公共利益"的标准,以及在司法实践中如何认定,实际上尚未形成统一的法律共识。

可见,《涉外民事关系法律适用法》与《司法解释(一)》应该在立法层面形成统一,特别是在《涉外民事关系法律适用法》第43条与第4条及对第4条如何适用司法解释——《司法解释(一)》第10条规定内容相冲突方面,要给予重视和出台相应的法律解释以在立法和司法适用上形成自洽的法律框架,同时也避免掉在国际私法实践中出现法官不知如何适用的情形。

由于长期以来我国法院特别是国内的一些基层法院审理涉外民商事案的司法实践经验不足,一些法官也尚不善于依据国际私法冲突规范对如何适用法律进行选择与适用,面对涉外民商事案件如何进行审理和判决,这需要给予基层司法者更多的机会来磨炼和提升。但在立法(包括基于立法条款的司法解释)方面,则需要以更加严谨的态度和更加严密的逻辑进行条款设置,以免在司法实践上法官面对具体案件的法律适用陷入困境,也避免在司法审判中的法律适用在国内和国际层面出现不协调、不统一的情况。

(二)法律位阶上特别规定优先于一般规定

《司法解释(一)》第10条第1款规定"涉及劳动者保护权益的"属于《涉外民事关系法律适用法》第4条中"中华人民共和国法律对涉外民事关系有强制性规定的,直接适用该强制性规定"的情形,人民法院应当将涉及劳动

①张召媛.涉外法院选择协议准据法研究[D],南京大学博士论文.2018.

者权益保护的案件，认定为适用《涉外民事关系法律适用法》第4条规定的强制性规定。其适用根据是，劳动者权益保护的案件涉及我国社会公共利益的涉外法律关系，无需通过冲突规范指引而直接适用于涉外民事关系的法律、行政法规的规定。从严格意义来说行政法规并不属于我国“法律”意义的概念。因为只有全人大及其常委会依照法定程序制定的可以反复适用的全国性的规范性文件，才属于严格意义上的“法律”，而行政法规是我国最高行政机关——国务院作出的行政性文件，最高人民法院此处将行政法规中的强制性规则的位阶上升到法律并适用于涉外民商事案件审理的做法，实际上是结合我国的法治现状以及审理涉外民商事活动的司法实际需求，对强制性规则的外延及其适用作出的扩张解释。

该条司法解释规定的目的，旨在对《涉外民事关系法律适用法》第4条规定作出司法解释，用以指导国内法院在司法实践中审理案件时对于强制性规则的准确定性和统一适用。这却与《涉外民事关系法律适用法》第43条的内容存在重复性规定之嫌，并且会产生司法实践中法律适用上的冲突。

依据《司法解释(一)》第10条第1款的规定，只要是“涉及劳动者保护权益的”，就属于涉及中国社会公共利益，人民法院就应当认定为《涉外民事关系法律适用法》第4条规定的适用我国强制性规则的情形。然而，《涉外民事关系法律适用法》第43条，以立法的形式明确规定了基于劳动合同产生的涉外劳动关系在适用强制性规则方面的具体适用方式。即一般情况上，“适用劳动者工作地法律”[①]——《司法解释(一)》中关于“涉及劳动者保护权益的”情形，从逻辑范围上讲，肯定属于基于劳动合同产生的涉外劳动关系的法律适用问题；如果存在着“难以确定劳动者工作地”的情形，则“适用用人单位

① 佘少峰．率由旧章抑或另起炉灶？——船员劳动合同法律适用与《法律适用法》关系之辩[J]．法学评论．2015(06).

主营业地法律”；[①]而对于劳务派遣的情形，则是“可以适用劳务派出地法律”的情形——只有这一条，适用劳务派出地的法律才是适用我国法律的情形，因为需要我国法院处理的涉外民事关系中，一般情况下劳务派出地就是中国，前提是所保护的劳动者的权益是我国公民的权益。如果保护的是外国公民的权益，那就无法适用我国法律上的强制性规则了。若仔细审视本条规定就可以发现，本条规定采用的法律术语是“可以”，而不是“应当”，这就相当于给了法院较多的自由裁量权。从法律术语表达逻辑和对其严谨性的要求来看，该条规定就不属于必须适用“强制性规则”了；况且，该规定也只是要求适用劳务派出地的**法律**（黑体画线部分，是笔者自加，以与下面的“强制性规则”术语作对比），并未明确规定必须适用劳务派出地法律中的**强制性规则**（黑体画线部分，是笔者自加，以与上面的“法律”一词作对比），因为劳务派出地的法律中，既有强制性规定的条款，也有不属于强制性规则的一般性条款，甚至有些即便属于《劳动合同法》上的强制性规则，但是如果劳动工作地在外国，也会由于国家之间在权益保护的某些方面缺乏合作机制而无法实现。比如，我国《劳动法》《劳动合同法》中关于用人单位必须为其职工缴纳社会保险费的规定，这对于外国的用人单位来说，如果其在中国没有注册，也没有设立分支机构，而其仅仅以外国用人单位的方式，为其中国职工向中国的社会保险机构缴纳社会保险费，这在国际劳务输出（实为劳动合同）的实践中，恐怕暂时还难以实现——因为在现阶段，我国与劳动者实际工作的用人单位尚未建立起社会保险的跨国对接或转移处理机制。这种由于国际上缺乏跨国对接处理机制的缘由而无法实现保护劳动者权益的情

① 沈琴琴，李文沛．对日劳务派遣纠纷的国际私法维权方式探讨[J]，中国人力资源开发．中国人力资源开发．2013(03).

形，[①]强制性规则也就无法实现。

《涉外民事关系法律适用法》第43条对基于劳动关系产生涉外法律适用的规定，不但相当明确，而且详细具体。如果从法律效力的位阶[②]上来看，《涉外民事关系法律适用法》第43条属于对特别领域的专门规定，《涉外民事关系法律适用法》第4条属于一般领域的规定，依据在不存在冲突的情况下，特别条款优于一般条款的法律适用原则，那么《涉外民事关系法律适用法》第43条的法律规定相较于第4条而言，明确具体，其适用效力明显优于第4条，也当然优于基于第4条作出的司法解释；从全国人民代表大会制定的法律高于最高人民法院作出的司法解释的法律适用原则来看，《涉外民事关系法律适用法》第43条的法律规定也应当优先于《司法解释（一）》第10条第1款的适用；再从时间节点上来看，《司法解释（一）》的出台，是作为对《涉外民事关系法律适用法》在司法实践中具体适用的明确和补充说明，当然是在《涉外民事关系法律适用法》出台之后。可以说《司法解释（一）》第10条第1款虽然是以作为对《涉外民事关系法律适用法》第4条的明确化和补充说明的方式颁布的，但由于《涉外民事关系法律适用法》第43条本身的存在，就使得《司法解释（一）》第10条第1款的出现成为冗余，即在涉外劳动关系中涉及劳动者权益保护具体司法实践中，审判者可以直接适用《涉外民事关系法律适用法》第43条——因为其本身规定的内容也比较明确、详细，且法律位阶较高。因而，在处理涉及劳动者权益保护的涉外民事关系案件，需要进行法律选择适用的司法实践中，[③]就不需要适用《司法解释（一）》第10条第1款中关于处理涉及劳动者权益保护的条款规定。而本条款中的其他规定在司

① 张珠围.涉外劳动关系的法律适用[J].人民司法（应用），2020(22).

② 王锴.法律位阶判断标准的反思与运用[J].中国法学（文摘），2022(2).

③ 王贵枫.国际劳动合同法律适用问题研究[D].西南政法大学，2016.

法实践需要时,当然应当继续适用。

而且,强制性规则作为一项国际私法上冲突规范法律援引和当事人依意思自治原则进行法律选择的例外,它的作用主要是通过排除冲突规范法律援引和当事人依意思自治原则选择的法律来处理涉及国家安全和社会公共利益的重大问题,可以说是在特殊情形下处理特殊问题的法律适用。在具体案件的司法适用中,各国都在慎重考虑选择国际私法上强制性规则适用的法律后果。[①]

三、界定"应当适用强制性规定的其他情形"的涵盖范围

《司法解释(一)》第10条以不完全列举加兜底条款的方式规定了属于我国涉外民商事法律关系中应当适用"强制性规则"的范围,在很大程度上将立法上的概念进行了明确化,为司法实践中针对具体案件的法律适用提供了精准的指引。特别是最后一款规定的内容是"应当认定为强制性规则的其他情形",该部分内容属于兜底条款,是给裁判者在司法实践中如果遇到除前面明确列举之外的情形时,在如何适用强制性规则方面提供法律依据和法理支撑。同时,也相当于在认定其他应当适用强制性规则的情形方面,给了法官巨大的自由裁量权。由于设计强制性规则法律条款的目的旨在对国家和社会重大利益进行保护,基本都是涉及国家主权、社会公共利益以及民众基本生活秩序等重大事项,故而在司法实践中对于认定"应当认定为强制性规则的其他情形"应当审慎适用,否则,基于个别法官自身法律素养不高或者出于其他原因,就有可能会引发司法实践中过度适用强制性规则甚至出现滥用该规定的现象。

如果在"应当认定为强制性规则的其他情形"方面给予裁判者过多的自

① 肖芳.涉外合同法律适用中法院地公共利益保护方法的厘清及取舍[J].法学,2021(4).

由裁量权，裁判者根据其自身关于法律价值和法律意识方面的理论进行裁判，难免导致同类涉外民事案件由于裁判者不同而作出的裁判结果相异的情况出现，就会造成在涉外民事关系中处理纠纷时我国国际私法适用的不确定和不统一。而出现这样的现象，肯定不是法律适用法和司法解释制定者的初衷，因其不但会导致"应当认定为强制性规则的其他情形"界定不清，损害国家和社会公共利益，而且还会影响我国强制性规则在涉外民事关系中域外适用的权威，破坏我国涉外法治体系的建构和推进其域外适用的法治进程，损坏我国在推进国际法治建设进程中国内裁判者的国际形象。

强制性规则兜底条款的存在，既有存在的必要性并会发生积极作用，也会因为内容界定无法完全明确而导致司法实践中法官自由裁量权过大的情形。兜底条款适用范围上的不明确，要么可能会出现很多法官不愿用不敢用的现象，要么则可能会出现被扩大适用甚至过度引用滥用的情形，进而影响了我国的社会主义法治建设进程和局面。由于国际私法上强制性规则的适用，都是涉外案件，而且都是涉及我国国家的重大利益和公共秩序稳定等重大案件法律关系的处理，而且还有可能涉及的中外当事人因为所处国家不同，社会文化不同，信仰不同以及价值观也各不相同而导致对案件处理结果的看法不同，甚至出现法律适用偏见[①]和误解的情形。这在当前国际社会价值观多元化，甚至东西方在历史文化和价值理念方面(有时严重)对立的形势下，更会引发国际上对于中国法院适用强制性规则的判决案件的严重误解甚至非议。这是应当尽力避免的。

《司法解释(一)》的兜底规定需要通过司法解释进一步界定，并且在司法实践中谨慎适用。笔者认为，出于对我国涉外民事法律适用立法体系的

① 李学尧，刘庄．矫饰的技术：司法说理与判决中的偏见[J]．中国法律评论，2022(2)．

完善,在今后的司法解释中,可以考虑加进一些对适用规定的限制性条款。这样做,不但可以对裁判者的自由裁量权形成适当的约束,而且也对裁判者适用"应当认定为强制性规则的其他情形"这一条款时,对于哪些情况属于"应当认定为强制性规则的其他情形"进行了明确,有助于推进我国法院在处理涉外民事纠纷时法律适用的确定性和统一性。至于限制性条款的内容,主要应当考虑两方面的内容:第一,"应当认定为强制性规则的其他情形"应当与前五款规定的情形有紧密联系性。这里的"其他情形"的范围,应当与前五款规定中的情形,在性质、作用、目的等方面具有相当、相类似的情况,否则,在司法实践认定中,就不属于"应当认定为强制性规则的其他情形",不宜纳入适用我国强制性规则的范围内。第二,从国际私法强制性规则的总体立法目的来看,"应当认定为强制性规则的其他情形"必须以符合我国国家主权和社会公共利益的要求、以维护我国社会公序良俗作为基本的判断标准,并且还需要有事实依据和翔实的论证过程。

笔者认为,关于涉外民商事的法律规定,更应该在国际层面体现出公平等,而在民事关系中,依据传统民法要求和实践做法,用来实现平等的最主要途径,往往就是适用建立在诚实信用基础上的意思自治原则。国际私法上强制性规则的适用其实是适用"意思自治"原则和冲突规范上多边选法规则的例外。在司法实践中适用强制性规则,特别是在适用现行法律规定尚不明确而是基于推定"应当认定为强制性规则的其他情形"时,还是应当以翔实细致的法律事实作为基础,经过严密的法律论证,充分说明"应当认定为强制性规则的其他情形"的事实和理由,进行缜密的法律和事实方面的考量,[①]然后才能予以法律上的精准适用。

① 王彬.事实推定中的后果考量[J].法律科学(西北政法大学学报),2021(6).

结语

一国利用本国专门制定的强制性规则法律准则，用来作为否定和排除当事人选择或者依冲突规范确定的准据法进而维护本国国家利益和社会公共秩序的做法，已经逐渐演变成为国际私法框架下各国用来处理涉外民商事纠纷的一项基本制度。随着强制性规则在国际司法实践中的不断发展和演变，其已经逐步被国际社会普遍认可并通过相互借鉴和学习进入各国的国际私法立法领域，成为各国国际私法体系中不可或缺的基本法律规则。

强制性规则立法，是出于维护一国的重大利益或者社会公共利益而设置的，因而强制性规则的适用及价值实现，并不违反构建国际民商法治新秩序的主旨。强制性规则的司法实践，主要是以通过排除外国法适用的方式，实现内国法在涉外民商事关系法律适用上的绝对效力，[①]以实现维护本国全体国民利益，亦即社会公共利益，这也是一国设置强制性规则制度的价值所在。

冲突规范产生之初，是不同国家的民商事主体在为了自身经济或者其他需求同其他国家从事涉外民商事交易活动中出现法律适用冲突而产生的解决法律选择问题的规范。在从事涉外民商事交易活动中难免会发生业务纠纷，需要适用相关法律来解决相关的纠纷。然而，不同国家的实体法律规范却又存在着巨大的差异，这时如果要选择通过法律途径来解决纠纷，就需要首先解决选择哪个国家的法律用来适用于当事人的案件审理。法律的选择，即如何确定适用于案件的准据法，就成为案件法律适用的先决问题。而

①阮开欣．论知识产权的地域性和域外效力[J]. 河北法学，2018(3).

这个选择确定法律(准据法)的过程,就是通过冲突规范确定法院需要适用的准据法的过程。用来解决法律冲突问题的冲突法规范,是不同国家当事人在从事涉外业务之前需要先依当事人约定或者依冲突规范准则确定好在出现纠纷时,该用什么样的法律来解决纠纷的法律选择准则(也是一种选法用法的方法)。但问题是,由于不同国家对于同一行为模式的法律结果的规定并不相同,适用不同国家的法律规范来解决同一案件纠纷会产生不同甚至迥异的法律结果。不同甚至迥异的法律结果则当然会给不同的当事人带来不同的权利义务。这时,究竟应该选择哪个国家的法律法规来适用于审理案件以及选择适用该法律规范作为审理案件的准据法的法律依据又是什么,就成为从事涉外交易当事人所关注的焦点。因为法律规范的选择与适用,将决定着案件审理的最终走向,也最终会影响着当事人胜诉或败诉,即与之相关的所有切身利益问题,都会基于依冲突规范选法准则所确定的法律的适用而被确定。

随着我国逐步融入国际市场不断掀起的全球化经济一体化热潮,我国同世界各国的经济联系愈加密切,在国际话语权和参与全球治理方面的国际法治意识亦日益增强。我国不但对在涉外民事关系中应用国际私法规范处理国际问题愈发关注和重视,而且对在我国国际私法立法完善过程中如何适用强制性规则以推进我国的涉外法治建设也投入了大量的精力,并给予了高度的关注。我国国际私法学界对强制性规则适用的研究也已经非常广泛,甚至已经达到了当前时代前沿性的标准。在立法层面,通过国际私法立法和司法解释,我国已经确立了《涉外民事关系法律适用法》中设计的在特定情况下排他性地适用我国强制性规则的制度,同时通过《司法解释(一)》,也确定了在应对涉外民商事纠纷中适用强制性规则的条件和范围。

关于强制性规则适用的研究成果涉及理论研究、立法技术和司法实践等各个层面,国际私法上的强制性规则已然成为适用于处理不同国家之间涉外民商事关系的一项重要的国际法律制度。在我国国际私法学界强制性规则理论的研究史上,从最早引入使用“警察法”[①]概念,学界持续研究一直到现在学界广泛使用的“直接适用的法”以及持不同观点的研究成果海量存在,各种学术观点众说纷纭,但都普遍接受的观点是,强行性规则、强制性规则,我国立法上采用的强制性规定,当适用法院地法时,其存在的价值都是为了维护内国的国家重大利益和社会公共秩序;当适用当事人选择的外国法上的强制性规则时,维护的是外国的国家重大利益和社会公共秩序,当然也存在当事人在选法时所考虑的是为了维护当事人自身利益的需要;而在采用第三国的强制性规则时,往往是因为第三国与该民商事法律法系存在着颇为密切的联系,其国际私法上的法理支撑当然就是最密切联系原则。法院在适用第三国的强制性规则时,一般都会非常谨慎以避免出错——或许因为此类原因,我国国际私法立法上一直未出台适用第三国法律规范的法律。当然,对法院地国以外国家强制性规则的关注,这其实也是对外国重大利益在司法适用层面上的特别关照。

理论研究的价值在于服务于实务,而对于中国学者来说,理论研究的最终目的还是服务于中国的法律体系完善和现代化法治建设,以实现公正作为其最终的价值追求。对于国际法、国际私法、国际经济法等从事国际事务、国际关系、国际法治的研究者来说,采纳国际社会认可的法律学说,法理学原理和国际通用做法,有助于处理我国在涉外经济等民商事业务中产生的纠纷以国际上公平的结果收场,有利于提高中国对外以法治方式处理国际事务的形象,也会在推进中国参与全球治理与国际法治的进程中,让世界

①李浩培教授在1984年版《中国大百科全书·法学卷》中编写了“警察法”词条。参见中国大百科全书·法学卷编委会.中国大百科全书·法学卷[Z].中国大百科全书出版社,1984: 332–333.

各国普遍愿意接受中国提出的治理方案，这同时也让中国为世界的和平与发展作出了贡献。虽然研究者的观点在国际领域众说纷纭，[①]但是研究目的，都是为了通过研究探讨而实现对学术真理的学深悟透，更是为了实现对学术价值的有效利用，以让学术成果最终转化为现实中让中国更加先进、更为强大的国际法主体，增强中国在国际社会上的法治话语权，并在构建全球治理体系和维护国际法治环境中发挥重要作用。

在经济日益全球化的今天，无论是基于一国国家主权、一国公共政策还是社会的公共秩序和善良风俗之需要，用符合国际规范的方式来处理涉外民商事领域的纠纷，已经成为国际私法上的一项重要内容，而正确适用强制性规则恰恰是国际私法领域中所绕不开的、用于正确处理涉外民商事关系的重要法则。彰显国家主权和维护本国的社会公共利益，不但是各国的普遍需要，而且各国也都会使用自己的手段来维护——但有时会出现个别国家所使用的维护权益手段未必符合国际法上基本原则的现象。

如果我们国家在适用内国强制性规定方面的做法得到国际社会的普遍认可，是通过驾驭并使用好在国际社会上已经达成共识的，并且基于冲突规范选法规则而产生的国际基本法律原则（如合法地适用强制性规则）来维护合法权益，就可以很好地实现并维护好本国国家重要利益的根本目的。在国际社会视野下就会让各国尽行看到大国解决问题的方式，都是在遵守法基本原则的基础上通过国际法治途径解决，这对国际社会各国解决涉外纠纷和采取何种手段来维护本国利益，就会起到很好的示范作用。而在解决过程中我国所发挥出的法治作用，亦更加有利于推进我国融入国际法治和

① 如，“必须适用的法”“警察法”“空间受调节的规范”“自我限定规范”“强制性规则”“优先条款”“干预规范等。卜璐.国际私法中强制性规则的界定——兼评〈关于适用《涉外民事关系法律适用法》若干问题的解释（一）〉第10条》[J]. 现代法学.2013(03).

全球治理进程。

国际私法学科中关于涉外民事关系强制性规定如何选择适用的海外研究成果众多,涉及的内容众多且复杂,而且在国际上不少学者相互抵触冲突的理论观点也广泛存在。我国国际私法学理论界的研究虽然起步较晚,但是针对国际上各研究成果的不同理论见解,我国学者们也提出了基于自身研究的各类理论观点①,并展开了以强制性规定为主要研究对象的不同程度和范围上的研究。在这些研究成果中,倾向于使用“直接适用的法”②和“强制性规则”这两个法律概念的学者较多。尤其是“直接适用的法”这一概念,更是在国际私法学界各个研究领域得到了普遍地认可并被广泛使用。当然,使用强制性规定概念进行研究的学者也不少,或者将二者在同一篇文章中进行混用视作同一法律概念的研究者,也不在少数。这说明,在理论界很多研究者尤其是在校初次接受国际私法上强制性规定或者“直接适用的法”的概念的学生,更有可能认为这两个概念是一对等同的法律概念,故而将“直接适用的法”视作国际私法上的法律概念。

“直接适用的法”的概念表述虽然在国际私法学界的理论研究领域得到了广泛的使用,甚至已经发展成为国际私法上的专属用语,并进入了不少学术期刊、著作甚至不少高校国际私法的教材中,但笔者认为,秉承概念界定需要严谨的研究态度,严格来说“直接适用的法”并不应当属于国际私法上的学术概念,只是由于该概念使用时间较长,其学术内涵已经被固化了而已。在我国的立法与司法实践中,据笔者检阅,也从未发现有过“直接适用的法”或者“间接适用的法”这类表述的法律文书或者规范性法律文件。估

① 包括但不限于强制性规则、即刻适用法、直接适用的法、自我限定的法、空间限定的法、功能限定的实体法、排除性规范等。

② 在国际私法学界,更为学者广泛使用的是“直接适用的法”。参见徐冬根. 论“直接适用的法”与冲突规范的关系[J]. 中国法学.1990(03):84-92.

计应当是立、司法者认为,“直接适用的法”或者“间接适用的法”的表述,很容易引起司法实务界的误解,在适用条件符合法律规定需要启动强制适用我国法律规范上的强制性规定时,如果用“直接适用的法”,很有可能带来司法工作者的困扰,更不用说对社会普通大众以及一般的国际商主体,其理解起来更有可能产生“不知如何区分”的困惑。因为学术研究不应当是为了研究而研究,而应当立足于中国国情和中国的立、司法实践,为中国的法治建设服务。学者从事学术研究的终极价值目标并不仅仅是构建法律理论体系,而是最终应当转化为司法实务中可以适用于解决现实问题的方法或对策。在2010年制定的《涉外民事关系法律适用法》第4条中,立法者采用了“强制性规定”这一法律概念。该立法做法既沿用了我国传统立法中的习惯称呼[①],同时也做到了与一些域外立法上的法律概念保持了一致,[②]有与国际社会同步的风格。《涉外民事关系法律适用法》是我国第一次在立法层面上明确提出了强制性规则概念及适用条件——即必须在我国法律体系中有明确的关于在涉外民商事关系中适用我国强制性规则的法律规定——并在随后的司法解释中明确了我国强制性规则在调整涉外民商事法律关系时适用范围。随着我国国际私法以及国际私法上包括强制性规则等在内的重要法律制度在国际私法司法实践领域的适用和进一步发展,我国的国际私法体系和该体系内的重要法律规范必将得到更进一步的完善,使我国的国际私法立法体系与司法实践逐渐步入世界先进法治国家之列。

当下,随着全球经济一体化的加强和各国经济发展及民生的相互依赖,

---

① 我国最高人民法院《关于贯彻执行〈中华人民共和国民法通则〉若干问题的意见(试行)》第194条规定,“当事人规避我国强制性或者禁止性法律规范的行为,不发生适用外国法律的效力。”该规定中使用的是“强制性规则”的法律概念。

② 如《罗马公约》第7条采用“强制性规则”概念,1987年的《瑞士联邦国际私法》第18条、第19条使用的是“强制性规则”概念。

对于强制性规则进行准确的厘清、界定以及建立科学合理的相关制度，使之在全球治理中正确且公允地发挥调整国际民商事秩序以及相关的法律关系和经济利益，已经在各国国际私法立法、司法实践中得以深刻体现，并发挥着愈来愈重要的作用。笔者认为，明确强制性规则的种类及适用范围，对于更好地理解并建立相应正确且公允的制度以达到准确适用的目的，是各国研究并建立强制性规则制度的前提和基础。在各国司法实践中，对于哪些法律规范属于强制性规则的研究范畴，哪些法律规范应当用强制性规则以外的法律规范进行调整，有必要早日形成一致的意见。由于各国在理论研究领域以及司法实践中，对于强制性规则这一术语的理解甚至司法界定中存在或多或少的偏差，故而对其概念的厘清、界定、范围划分以及在司法实践层面的援引适用，却都未达成共识。对于国际私法上的强制性规则的适用以及与适用相关的系列研究，依然需要国际私法学界的研究者们进行更加深入和系统化的研究。

在未来的研究规划中，除了前面提到的研究领域之外，笔者还打算将我国强制性规则的域外适用进行更加深入的挖掘。因为国内现在虽然对于国内法的域外适用展开研究的人较多，但大多数都还主要是针对基础理论进行研究。而这些基于基础理论研究的成果，在面对复杂多变的国内、国际形势和各国际经济体的特殊需求，在国际司法实践中的可行性较差，操作性不强。基于我国在国际社会的影响力以及推进国际社会法治建设和融入全球治理体系的价值追求，国家更需要在强制性规定域外适用方面可操作性强[①]的研究成果。除了具有科学的理论体系支撑，在制度的制定方面更需要具有价值创新内容。

---

① 刘璐.强制性规定与反垄断法域外适用的冲突与协调[J].长江大学学报(社会科学版)，2013，36(11)：40–41.

参考文献

一、中文文献

(一)中文专著

[1] 蔡拓.全球化与政治的转型[M].北京:北京大学出版社,2007.

[2] 曹建明,贺小勇.世界贸易组织[M].北京:法律出版社,2004.

[3] 曹士兵.中国担保诸问题的解决与展望[M].北京:中国法制出版社,2001.

[4] 陈安.国际投资法的新发展与中国双边投资条约的新实践[M].上海:复旦大学出版社,2007.

[5] 陈静娴.合同法比较研究[M].北京:中国人民公安大学出版社,2004.

[6] 陈乐民.战后西欧国际关系:1945-1984[M].北京:中国社会科学出版社,1999.

[7] 陈卫佐.比较国际私法:涉外民事关系法律适用法的立法,规则和原理的比较研究[M].北京:法律出版社,2012.

[8] 陈卫佐.瑞士国际私法法典研究[M].北京:法律出版社,1998.

[9] 陈致中.国际法案例[M].北京:法律出版社,1998.

[10] 邓正来.美国现代国际私法流派[M].北京:中国政法大学出版社,2005.

[11] 丁伟.国际私法学[M].上海:上海人民出版社,2013.

[12] 杜涛.国际经济贸易中的国际私法问题[M].武汉:武汉大学出版社,2005.

[13] 杜涛.德国国际私法:理论,方法和立法的变迁[M].北京:法律出版社,2006.

[14] 杜涛,陈力.国际私法[M].上海:复旦大学出版社,2008.

[15] 杜涛.涉外民事关系法律适用法释评[M].北京:中国法制出版社,2011.

[16] 傅静坤.契约冲突法论[M].北京:人民出版社,2001.

[17] 古祖雪.国际法学专论.北京:科学出版社,2007.

[18] 韩德培.中国冲突法研究[M].武汉:武汉大学出版社,1993.

[19] 韩德培.国际私法问题专论(冲突法篇)[M].武汉:武汉大学出版社,2004.

[20] 韩德培，肖永平.国际私法学[M].北京：人民法院出版社，2004.

[21] 韩德培.国际私法[M].北京：高等教育出版社，北京大学出版社，2007.

[22] 韩德培.国际私法的晚近发展趋势[A].韩德培文集(上)[C].武汉：武汉大学出版社，2007.

[23] 韩德培.国际私法[M].北京：北京大学出版社，2014.

[24] 韩健.现代国际商事仲裁法的理论与实践[M].北京：法律出版社，2000.

[25] 韩立新.海事国际私法[M].大连：大连海事大学出版社，2001.

[26] 韩立余.世界贸易组织(WTO)案例分析[M].北京：中国人民大学出版社，2002.

[27] 韩立余.WTO案例及评析(2001)[M].北京：中国人民大学出版社，2004.

[28] 韩立余.世界贸易组织法[M].北京：中国人民大学出版社，2010.

[29] 黄惠康，黄进.国际公法国际私法成案选[M].武汉：武汉大学出版社，1987.

[30] 黄进.国际私法[M].北京：法律出版社，1999.

[31] 黄进.国际私法[M].北京：法律出版社，2005.

[32] 黄进，姜茹娇.《中华人民共和国涉外民事关系法律适用法》释义与分析[M].北京：法律出版社，2011.

[33] 黄进.中华人民共和国涉外民事关系法律适用法建议稿及说明[M].北京：中国人民大学出版社，2011.

[34] 黄进，孔庆江.改革开放40年法律制度变迁·国际法卷[M].厦门：厦门大学出版社，2019.

[35] 黄亚英.国际商事仲裁实务研究与操作推演[M].北京：法律出版社，2007.

[36] 蒋新苗.国际私法本体论[M].北京：法律出版社，2005.

[37] 李彩英.当代国际关系[M].上海：上海交通大学出版社，2001.

[38] 李浩培.条约法概论[M].北京：法律出版社，1987.

[39] 李浩培.国际私法的概念[A].李浩培文选[C].北京：法律出版社，1999.

[40] 李静杰，郑羽.俄罗斯与当代世界[M].北京：世界知识出版社，1998.

[41] 李双元，徐国建.国际民商新秩序的理论构建：国际私法的重新定位与功能转换

[M].武汉:武汉大学出版社,1998.

[42] 李双元.比较民法学[M].武汉:武汉大学出版社,1998.

[43] 李双元.走向 21 世纪的国际私法———国际私法与法律的趋同化[M].北京:法律出版社,1999.

[44] 李双元.国际私法正在发生质的飞跃[A].国际法与比较法论丛第5籍[C],北京:中国方正出版社, 2000.

[45] 李双元.国际私法(冲突法篇)[M].武汉:武汉大学出版社,2001.

[46] 李双元,谢石松.国际民事诉讼法概论[M].武汉:武汉大学出版社,2001.

[47] 李双元,等.国际私法教程与参考资料选编(上册)[M].北京:北京大学出版社,2002.

[48] 李双元,李先波.世界贸易组织(WTO)法律问题专题研究[M].北京:中国方正出版社,2003.

[49] 李双元,蒋新苗.世贸组织(WTO)的法律制度:兼论中国"入世"后的应对措施[M].北京:中国方正出版社,2003.

[50] 李双元,蒋新苗.世界贸易组织法案例教程[M].北京:知识产权出版社,2004.

[51] 李双元,欧福永.现行国际民商事诉讼程序研究[M].北京:人民出版社,2006.

[52] 李双元,欧福永.国际私法教学案例[M].北京:北京大学出版社,2007.

[53] 李双元.国际私法[M].北京:北京大学出版社,2007.

[54] 李双元.中国国际私法通论[M].北京:法律出版社,2007.

[55] 李双元.国际私法(冲突法篇)[M].北京:武汉大学出版社,2016.

[56] 李先波.国际民商法专题研究[M].北京:中国方正出版社,2003.

[57] 梁西.国际法[M].武汉:武汉大学出版社,2000.

[58] 刘德斌.国际关系史[M]. 北京:高等教育出版社,2003.

[59] 刘青建.当代国际关系新论——发展中国家与国际关系[M].北京:清华大学出版社,2004.

[60] 刘晓红.国际商事仲裁协议的法理与实证[M].北京:商务印书馆,2005.

[61] 卢峻.国际私法之理论与实践[M].中国政法大学出版社,1998.

[62] 吕伯涛.涉港澳商事案例精选精析[M].北京:法律出版社,2006.

[63] 马德懿.海上货物运输法强制性体制论[M].北京:中国社会科学出版社,2010.

[64] 倪世雄.等.当代西方国际关系理论[M].上海:复旦大学出版社,2001.

[65] 屈广清,欧福永.国际民商事诉讼程序导论[M].北京:人民法院出版社,2004.

[66] 任晓,胡永浩,等.中,美,日三边关系[M].杭州:浙江人民出版社,2002.

[67] 邵津.国际法[M].北京:北京大学出版社,2005.

[68] 邵景春.国际合同法律适用论[M].北京:法律出版社,1997.

[69] 司玉琢.海商法学案例教程[M].北京:知识产权出版社,2003.

[70] 宋航.国际商事仲裁裁决的承认与执行[M].北京:法律出版社,2000.

[71] 宋连斌.国际商事仲裁管辖权研究[M].北京:法律出版社,2000.

[72] 宋晓.当代国际私法的实体取向[M].武汉:武汉大学出版社,2004.

[73] 宋新宁,陈岳.国际政治经济学概论》[M].北京:中国人民大学出版社,1999.

[74] 苏珊·马克斯.宪政之谜——国际法,民主和意识形态批判[M].方志燕,译.上海:上海世纪出版集团,2005.

[75] 汤树梅.国际经济法案例分析[M].北京:中国人民大学出版社,2006.

[76] [台]刘铁铮,陈荣传.国际私法[M].台北:三民书局,2004.

[77] [台]郑玉波.海商法[M].台北:三民书局,1999.

[78] 万鄂湘.《中华人民共和国涉外民事关系法律适用法》条文理解与适用[M].北京:中国法制出版社,2011.

[79] 王贵国.世界贸易组织法[M].北京:法律出版社,2003.

[80] 王立武.国际私法的强制性规则适用制度研究[M].北京:中国人民大学出版社,2015.

[81] 王绳祖.国际关系史(近现代部分)[M].北京:世界知识出版社,1995.

[82] 王铁崖.国际法[M].北京:北京大学出版社,1995.

[83] 王逸舟.全球政治与中国外交[M].北京:世界知识出版社,2003.

[84] 肖永平.肖永平论冲突法[M].武汉:武汉大学出版社,2002.

[85] 肖永平.国际私法原理(第二版)[M].北京:法律出版社,2007.

[86] 肖永平.法理学视野下的冲突法[M].北京:高等教育出版社,2008.

[87] 徐冬根,薛凡.中国国际私法完善研究[M].上海:上海社会科学院出版社,1998.

[88] 徐冬根.国际私法趋势论[M].北京:北京大学出版社,2005.

[89] 徐国建.国际统一私法总论[M].北京:法律出版社,2011.

[90] 徐海燕.民法总论比较研究[M].北京:中国人民公安大学出版社,2004.

[91] 徐宏.国际民事司法协助[M].武汉:武汉大学出版社,2006.

[92] 徐开墅.民商法辞典[M].上海:上海人民出版社,2004.

[93] 许庆坤.美国冲突法理论嬗变的法理——从法律形式主义到法律现实主义[M].北京:商务印书馆,2009.

[94] 阎学通.中国国家利益分析[M].天津:天津人民出版社,1997.

[95] 杨利雅.冲突法中的单边主义研究[M].北京:人民出版社,2010.

[96] 杨泽伟.国际法析论(第二版)[M].北京:人民大学出版社,2007.

[97] 姚梅镇.国际经济法概论[M].武汉:武汉大学出版社,2004.

[98] 余民才,程晓霞.国际法教学参考书[M].北京:中国人民大学出版社,2002.

[99] 游劝荣.侵权责任法律制度比较研究[M].北京:人民法院出版社,2010.

[100] 余先予.国(区)际民商事法律适用法[M].北京:人民日报出版社,1995.

[101] 袁勇.法律规范冲突研究[M].北京:中国社会科学出版社,2016.

[102] 张春良.冲突法的历史逻辑[M].北京:法律出版社,2010.

[103] 张贵洪著.国际组织与国际关系[M].杭州:浙江大学出版社,2004.

[104] 张浩俊.民法学原理[M].北京:中国政法大学出版社,2005.

[105] 赵健.国际商事仲裁的司法监督[M].北京:法律出版社,2000.

[106] 赵维田.世贸组织(WTO)的法律制度[M].长春:吉林人民出版社,2000.

[107] 赵秀文.国际商事仲裁及其适用法律研究[M].北京:北京大学出版社,2002.

[108] 郑宇硕.中华人民共和国对外关系史稿[M].香港:天地图书有限公司,1994.

[109] 周海荣.国际侵权行为法[M].广州:广东高等教育出版社,1991.

[110] 朱克鹏.国际商事仲裁的法律适用[M].北京:法律出版社,1999.

[111] 朱榄叶.WTO争端解决案件概要[M].北京:法律出版社,2009.

[112] 朱文奇.国际人道法文选[M].北京:法律出版社,2007.

[113] 邹国勇.外国国际私法立法精选[M].北京:中国政法大学出版社,2010.

(二)中文译著

[1] (德)巴尔.欧洲比较侵权行为法(上下卷)[M].张新宝译.北京:法律出版社,2004.

[2] (英)莫里斯.戴西和莫里斯论冲突法(上,中,下)[M].李双元译.北京:中国大百科全书出版社,1998.

[3] [澳]迈克尔·J·温考普,玛丽·凯斯.冲突法中的政策与实用主义[M].阎愚译.北京:北京师范大学出版社,2012.

[4] [德]弗里德里希·卡尔·冯·萨维尼.法律冲突与法律规则的地域和时间范围[M].李双元等译.北京:法律出版社,1999.

[5] [德]格哈德·克格尔.冲突法的危机[M].萧凯,邹国勇译.武汉:武汉大学出版社,2008.

[6] [德]拉德布鲁赫.法学导论[M].米健译.北京:商务印书馆,2013.

[7] [英]Michael Bridge.国际货物销售法律与实务[M].林一飞等译.北京:法律出版社,2004.

[8] [德]马丁·沃尔夫.国际私法[M].李浩培,汤宗舜译.北京:北京大学出版社,2009 .

[9] [德]梅迪库斯.德国民法总论[M].邵建东译.北京:法律出版社,2001.

[10] [德]萨维尼.法律冲突与法律规则的地域和时间范围[M].李双元等译.北京:法律出版社,1999.

[11] [德]魏德士.法理学[M].吴越,丁晓春译.北京:法律出版社,2005.

[12] [法]巴蒂福尔.国际私法论[M].陈洪武译.北京:中国对外翻译出版公司,1989.

[13] [法]亨利·巴迪福.国际私法各论[M].曾陈明汝译.台北:正中书局,1985.

[14] [法]雅克·盖斯坦,吉勒·古博.法国民法总论[M].陈鹏等译.北京:法律出版社,

2004.

[15] [美]E·博登海默.法理学:法律哲学与法律方法[M].邓正来译.北京:中国政法大学出版社,1998.

[16] [美]阿特,等.国际政治——常在概念和当代问题(第七版)[M].时殷弘,等,译.北京:人民大学出版社,2007.

[17] [美]莱斯利·里普森.政治学的重大问题——政治学导论[M].刘晓等译.北京:华夏出版社,2001 版.

[18] [美]罗尔斯.正义论[M].何怀宏等译.北京:中国社会科学出版社,1988.

[19] [美]玛莎·费丽莫.国际社会中的国家利益[M].袁正清.译.杭州:浙江人民出版社,2001.

[20] [美]荣格.法律选择与涉外司法[M].霍政欣,徐妮娜.译.北京:北京大学出版社,2007.

[21] [美]托马斯·库恩.科学革命的结构[M].金吾伦,胡新和译.北京:北京大学出版社,2012.

[22] [苏]隆茨,马雷舍娃,沙迪科夫.国际私法[M].袁振民,刘若文译.北京:中国金融出版社,1987.

[23] [意]巴托鲁斯.法律冲突论[M].齐湘泉,黄希伟,译.武汉:武汉大学出版社,2010.

[24] [英]J.G.Collier.冲突法(导读本)[M].郭玉军,编注.北京:中国人民大学出版社,2005.

[25] [英]J.H.C.莫里斯.戴西和莫里斯论冲突法[M].李双元等译.北京:中国大百科全书出版社,1998.

[26] [英]布朗利.国际公法原理[M].曾令良等译.北京:法律出版社,2007.

[27] [英]哈特.法律的概念[M].许家馨,李冠宜译.北京:法律出版社,2011.

[28] [英]托马斯.国际私法[M].倪征Kindly译.北京:商务印书馆,1963.

[29] [英]詹宁斯. 奥本海国际法[M].王铁崖译. 北京:中国大百科全书出版社,1995.

[30] [英]马丁·沃尔夫.国际私法[M]. 李浩培,汤宗舜译.北京:北京大学出版社,

2009.

[114] WTO秘书处.索必成译.WTO争端解决程序(中英文对照)[M].北京:法律出版社,2003.

[31] 外经贸部译.世界贸易组织乌拉圭回合多边贸易谈判结果法律文本》(中英文对照)[M].北京:法律出版社,2000.

[32] 外经贸部译.中国加入世界贸易组织法律文件》(中英文对照)[M]北京:法律出版社,2002.

(三)中文论文(含译作)

[1] 卜璐.国际私法中强制性规则的界定——兼评《关于适用〈涉外民事关系法律适用法〉若干问题的解释(一)》第10条[J].现代法学,2013(3).

[2] 曹晓飞,戎生灵.政治利益研究引论[J].复旦学报(社会科学版),2009.

[3] 曹俊.关于在司法个案中实现公平正义的价值思考[J].学习与研究,2017,(9).

[4] 陈旗.法治视野下的法官自由裁量权研究[D].武汉大学,2013.

[5] 董金鑫.论法国国际私法视阀下的公序法[J].环球法律评论,2015(05).

[6] 杜涛.法律适用规则的强制性抑或选择性——我国涉外民事法律适用法的立法选择[J].清华法学,2010(3).

[7] 顾全.民事法律行为效力评价维度 ——兼论及限制性规范体系的理解适用[J].东方法学,2021,(1).

[8] 高志宏.公共利益法律关系的主体论及其功能实现[J].南京社会科学,2017(6).

[9] 高国柱.全球化背景下政府管制的冲突与协调——以涉外经济管理规范为视角[J].清华法学,2009(1).

[10] 郭树永.国际制度的融入与国家利益.中国外交的一种历史分析[J],世界经济与政治,1999(04).

[11] 郭玉军. 把握21世纪国际私法的发展趋势[J]. 法学研究,1999(3).

[12] 郭玉军,徐锦堂.从统计分析方法看我国涉外民商事审判实践的发展[J],中国国际私法与比较法年刊,2008(00).

[13] 韩德培,李双元.应当重视对冲突法的研究[J],武汉大学学报.1983(06).

[14] 韩汉卿,刘萍.现代冲突规则解析[J].中国国际私法与比较法年刊,2003(00).

[15] 何其生. 国际私法秩序与国际私法的基础性价值[J]. 清华法学,2018(01).

[16] 何志鹏.漂浮的国际强行法[J].当代法学,2018(6).

[17] 胡永庆.论公法规范在国际私法中的地位——"直接适用的法"问题的展开[J].法律科学,1999(4).

[18] 黄冠颖.论国际习惯效力的限制规则——"坚持反对者学说"[J].外交评论,2005(4).

[19] 黄进,杜焕芳."2001 年中国国际私法的司法实践述评"[J].中国国际私法与比较法年刊,2003,6(00).

[20] 黄进.国际私法上的法律规避[J].百科知识,1995(10).

[21] 何志鹏.国际法基本原则的迷失:动因与出路[J].当代法学,2017(2).

[22] 姜明安.软法的兴起与软法之治[J].中国法学,2006(02).

[23] 金彭年,吴德昌.以强制性和禁止性规范为视角透视法律规避制度[J].法学家,2006(3).

[24] 金彭年.国际私法上的公共秩序研究[J].法学研究,1999(4).

[25] 李传宏.联合国安全理事会的制裁措施初探[J].法学评论,1996(03).

[26] 李浩.国际法上的"强行法"规范初探[J].现代法学, 2009(01).

[27] 李浩培.论条约必须信守原则[J].法学杂志,1985(1).

[28] 李倩,石宏.日本《法律适用通则法》的立法[J].中国人大,2010(12).

[29] 李婧.中国特色社会主义法律体系发展动力探究[J].社会科学战线,2016,(12).

[30] 李双元,郑远民,吕国民.关于建立国际民商新秩序的法律思考——国际私法基本功能的深层考察[J].法学研究,1997(02).

[31] 李双元,邓杰,熊之才.国际社会本位的理念与法院地法适用的合理限制[J],武汉大学学报(社会科学版),2001(05).

[32] 李双元. 国际社会本位的理念与法院地法适用的合理限制[J]. 武汉大学学

报:社会科学版,2001(5).

[33] 李双元,欧福永.国际私法研究方法之我见[J].法学论坛,2003(03).

[34] 李双元,李赞.构建国际和谐社会的法学新视野——全球化进程中国际社会本位理念论析[J].法制与社会发展,2005(05).

[35] 李双元.关于我国《涉外民事关系法律适用法》的几个问题[J].时代法学,2012(03).

[36] 李伟芳.论国际法渊源的几个问题[J].法学评论,2005(04).

[37] 李军.兜底条款中同质性解释规则的适用困境与目的解释之补足[J].环球法律评论,2019(4).

[38] 梁洪杰.国际惯例与国际习惯[J].法学家,1990(6).

[39] 吕岩峰.适用外国法与国家主权的关系[J].法学与实践,1988(03).

[40] 廖诗评. 国内法域外适用及其应对——以美国法域外适用措施为例[J]. 环球法律评论,2019(3).

[41] 刘贵祥.涉外民事关系法律适用法在审判实践中的几个问题[J].人民司法,2011(11).

[42] 刘贵祥,沈红雨,黄西武.涉外商事海事审判若干疑难问题研究[J].法律适用,2013(4).

[43] 刘敬东."一带一路"法治化体系构建研究[J]. 政法论坛,2017(5).

[44] 刘仁山,胡炜."直接适用的法"的若干问题[J].当代法学,2002(8).

[45] 刘仁山."直接适用的法"在我国的适用——兼评《〈涉外民事关系法律适用法〉解释(一)》第10条[J].法商研究,2013(03).

[46] 刘仁山."直接适用的法"在我国的适用——兼评《〈涉外民事关系法律适用法〉解释(一)》第十条[J].法商研究,2013(03).

[47] 刘卫国.论调整涉外民商事关系的国内实体法的发展[J].华中理工大学学报(社会科学版),2000(03).

[48] [美]丹尼尔· A.法伯.法律形式主义举隅[J].刘秀华,译.中央政法管理干部学院

学报,2001(1).

[49] 倪同木.法学视野中的国家利益研究:以经济法为素材[D].南京:南京大学,2014.

[50] 裴普.论国际私法的国家民族特征[J].西南师范大学学报,1999(05).

[51] 屈广清,李冠群,关健.论多元法律体系之公共秩序政策对国际私法的规制[J].东南学术,2011(04).

[52] 任虎.国际强行法和普遍义务关系之争论及其辨析[J].中国政法大学学报,2021,(1).

[53] 史笑晓.论法律规避中的强制性和禁止性规范[J].浙江社会科学,2002(3).

[54] 苏颖霞,王卿."直接适用的法"与相关立法的完善[J].理论探索,2007(3).

[55] 孙国平.论劳动法上的强制性规则[J].法学,2015(9).

[56] 孙萌.以条约为基础产生的习惯法[J].法学,2001(8).

[57] 田曼莉.国际私法上法律规避效力新诠释[J].同济大学学报(社会科学版),2001(6).

[58] 万鄂湘.国际强行法与国际法的基本原则[J].武汉大学学报(社会科学版),1986(6).

[59] 王广宇.WTO时代功能主义国际私法之最密切联系原则分析[J].甘肃政法学院学报,2004(5).

[60] 王贵枫.国际劳动合同法律适用问题研究[D].重庆:西南政法大学,2016.

[61] 王景斌.论公共利益之界定——一个公法学基石性范畴的法理学分析[J].法制与社会发展,2005(01).

[62] 王立武. 我国国际私法立法范式研究[J]. 政法论丛,2009(01).

[63] 王胜明.涉外民事关系法律适用法若干争议问题[J].法学研究,2012(2).

[64] 肖永平.价值取向与中国冲突法立法[J].中国法学,1994(5).

[65] 肖永平.中国法学界研究冲突规范的路径[J].政法论坛,2005(4).

[66] 肖永平,龙威狄.论中国国际私法中的强制性规则[J].中国社会科学,2012(10).

[67] 肖永平,张驰.论中国《法律适用法》中的“强制性规则”[J].华东政法大学学报,2015(2).

[68] 谢石松.论国际私法中的“直接适用的法”[J].中国国际法年刊,2011(01).

[69] 徐崇利.法律规避制度可否缺位于中国冲突法?——从与强制性规则适用制度之关系的角度分析[J].清华法学,2011(6).

[70] 徐冬根.论“直接适用的法”与冲突规范的关系[J].中国法学,1990(3).

[71] 许庆坤.国际私法中的法律规避制度:再生还是消亡[J].法学研究,2013(5).

[72] 许庆坤.我国冲突法中的法律规避制度:流变,适用及趋向[J].华东政法大学学报,2014(4).

[73] 杨弘磊.“直接适用的法”与涉港担保合同法律适用条款的判理分析[J].法律适用,2003(3).

[74] 杨弘磊.“直接适用规则”及其司法实践评价——兼论对外担保合同有效性判断之法律适用[J].人民司法,2005(10).

[75] 杨永红.论欧盟区域内的强制性规则[J].当代法学,2006(7).

[76] 杨赟.对《中华人民共和国涉外民事关系法律适用法》第4条规定的解读[J].南阳师范学报(社会科学版),2012(3).

[77] 杨赟.论保护弱势群体的特殊冲突规则与涉外强制性规则——以日本《法律适用通则法》为例[J].台北海洋技术学院学报,2015(2).

[78] 于津平,刘依凡.新发展格局下“一带一路”建设的推进策略[J].江苏社会科学,2023,(2).

[79] 余先予.论冲突法的新发展[J].法学研究,1990(04).

[80] 詹朋朋.国际劳务关系法律适用问题[D].上海:复旦大学,2008.

[81] 张春良.冲突法的范式进化论[J].法律科学,2010(4).

[82] 张春良.国际私法中反法律规避制度的功能评析[J].法制与社会发展,2010(6).

[83] 张春良.涉外民事关系判定准则之优化——要素分析的形式偏谬及其实质修正[J].法商研究,2011(1).

[84] 张群.全球经济一体化,中国如何趋利避害[J].人民论坛,2017(18).

[85] 张敏,万福良.论国际私法中“直接适用的法”——兼评《涉外民事关系法律适用法》第4条[J].南阳师范学院学报(社会科学版),2011(7).

[86] 张乃根.试析《国家责任条款》的国际不法行为[J].法学家,2007(03).

[87] 张强.商法强制性规则的法律解释方法[J].法律方法,2011(11).

[88] 张潇剑.论国际强行法的定义及其识别标准[J].法学家,1996(2).

[89] 张潇剑.评柯里的“政府利益分析说”[J].环球法律评论,2005(4).

[90] 张潇剑.国际强行法之理论考察[J].河北法学,2009(8).

[91] 张新.论民法视域中的法律规避行为 ——以“民生华懋案”为例[J].华东政法大学学报,2019(3).

[92] 赵红梅.私法社会化的反思与批判——社会法学的视角[J].中国法学,2008(6).

二、外文文献

(一)外文论文

[1] Adeline C.The Public Policy and Mandatory Rule of Third Countries in International Contracts[J].Journal of Private International Law,2006,2(1).

[2] Cavers, D., A Critique of the Choice-of-Law Problem[J]. Harvard Law Review, 1933(47).

[3] Eek, H., Peremptory Norms and Private International Law[J].Recueil des Cours, 1973(139).

[4] Erin H, Larry E R.From Politics to Efficiency in Choice of Law[J].The University of Chicago Law Review,2000,67(4).

[5] Hannah L. B. Mandatory Rules in Civil Litigation: Status of the Doctrine Post Globalization[J].The American Review of International Arbitration,2007,18.

[6] Hellner, M., Third Country Overriding Mandatory Rules in the Rome Iregulation: Old Wine in New Bottles?[J].Journal of Private International Law,2009(5).

[7] Knofel, S., Mandatory Rules and Choice of Law——a Comparative Approach to Article 7(2) of the Rome Convention[J].Journal of Business Law,1999(05).

[8] Lando, O.& P.A.Nielsen.The Rome Ⅰ Regulation[J].Common Market Law Review,2008(06).

[9] Lorna E.G.Choice-of-Law Rules for Electronic Consumer Contracts: Replacement of the Rome Convention by the Rome Ⅰ Regulation[J].Journal of Private International Law,2007(1).

[10] Lin,S.Naoko Shimazu,James D.Sidaway.Theorising from the Belt and Road Initiative [J].Asia Pacific Viewpoint,2021,Vol.62(3): 261-269.

[11] Michael,H.Third Country Overriding Mandatory Rules in the Rome I Regulation: Old Wine in New Bottles?[J].Journal of Private International Law,2009(03).

[12] Morris,J.H.C.& D.McClean,The Conflict of Laws[J].The Law Teacher 2001,35(1).

[13] Nadelmann,K.H.,Marginal Remarks on the New Trends in American Conflicts Law[J].Law and Contemporary Problems,1963(4).

[14] Nadelmann.Marginal Remarks on the New Trends in American Conflicts Law [J].Law and Contemporary Problems,1963(4).

[15] North,P.M.& J.J.Fawcett,Cheshire and North Private International Law[J].The Cambridge Law Journal,1988(1).

[16] William S.Dodge.Breaking the Public Law Taboo[J].Harvard International Law Journal,2002(43).

(二)外文专著

[1] Aichele,G.Legal Realism and Twentieth-Century American Jurisprudence:The Changing Consensus[M].New York:Garland Publishing,Inc.1990.

[2] Brien,J.O.,Smith's Conflict of Laws[M].London:Cavendish Publishing Limited,1999.

[3] Brownlie,Principles of Public International Law[M].Oxford: Claredon Press,1998.

[4] Currie,B.Selected Essays on the Conflict of Laws[M].Durham: Duke University Press,1963.

[5] Dicey A V.Dicey,Morris and Collins on The Conflict of Law[M].London: Sweet & Maxwell,2006.

[6] Dicey,Morris,and Collins.The Conflict of Laws[M].London:Sweet & Maxwell,2006.

[7] Hans, J. M. Dilema of Politics[M].Chicago:University of Chicago Press, 1958.

[8] Harris, D.J.Cases and Materials on International Law[M].London: Sweet & Maxwell.1998.

[9] Jennings, R.and A.Watts (eds.).Oppenheim's International Law[M].London:Longman Group UK Limited., 1992.

[10] Kerstin Ann-Schäfer, Application of Mandatory Rules in the Private International Law of Contracts[M].Frankfurt am Main:Peter Lang, 2010.

[11] Kuipers, J.J.EU Law and Private International Law:The Interrelationship in Contractual Obligations[M].Leiden/Boston: Martinus Nijhoff Publishers, 2012.

[12] Langdell, C. A Selection of Cases on the Law of Contracts[M]. Boston: Little, Brown, and Co., 1871.

[13] Matsushita, M.The World Trade Organization: Law, Practice, and Policy[M]. Oxford:Oxford University Press, 2006.

[14] Peter, M.N.& James J.Fawcett: Cheshire and North's Private International Law [M].London: Butterworths, 1999.

[15] Schulzinger, R.D.American Diplomacy in the Twentieth Century[M].Boulder Colo.: Westview Press, 1996.

[16] Shaw, M.N.International Law[M].Cambridge:Cambridge University Press, 2003.

[17] Starke, J.G.An Introduction to International Law, 8th ed., Starke's International Law, edited by Joseph Gabriel[M].London: Butterworth, 1994.

[18] Symeon C.Symeonides, Private International Law at the End of the 20th Century:Progress or Regress?[M].The Hague:Kluwer Law International, 2000.

[19] Symeonides, American Private International Law[M].The Hague:Kluwer Law International, 2008.

[20] Twining, W.Karl Llewellyn and the Realist Movement[M].London: Weidenfeld and Nicolson, 1973.

[21] United Nations of Commission on International Trade Law.A Guide to Uncitral, Basic Facts About the United Nations Commission on International Trade Law[M].Vienna: United Nation Publication, 2007.